JN438669

꿈꾸는 굴렁쇠

꿈꾸는 굴렁쇠

임동옥 수필집

수필과비평사

| 서문 |

상생 바퀴를 돌리다

소요학파처럼 산하를 다니며 상생하는 생태 이야기를 했다. 설악산에서 한라산까지 자연을 답사하였다. 굴렁쇠처럼 돌고 돌았다. 식물은 저마다 수려한 모습이나 꽃으로 상대에게 훈훈한 사랑을 전하고 자신은 겨울눈으로 혹독한 추위를 견뎌야만 했다. 눈앞의 이익에만 매달린 당랑박선의 사마귀도 보았다. 기러기를 통해 '기러기 아빠'의 유래를 찾아 '멀리 떨어져 있어도 하나이고 함께'라는 가족애와 지혜를 배웠다.

생명의 본질을 찾아 강산을 헤매다 수필과 만났다. 산은 건강을 지켜주고, 생태 이야기를 전해준 꽃과 나비가 노니는 자연은 자족하는 눈높이를 갖게 해준다. 영혼을 맑게 해주는 책들은 새소리 물소리 바람소리를 들려주니 사랑할 수밖에 없다. 수필은 덤의 즐거움을 주었다. 부표처럼 티내지 않고 작을지라도 가족이나 친구, 직장이나 사회에서 꼭 필요한 가늠자 역할을 하고자 마음 밭을 일구며 살고 있다. 수필은 생각을 드러내는 탁월한 도구다. 영혼을 다듬어 놓은 보석 상자다. 육체에 깃든 영혼이 제 모습을 갖춘 문장이다. 글을 쓰는 이유는 학문적 통섭뿐만 아니라 읽고 쓰고 고치는 퇴고라는 유쾌 스트레스가 있어서다.

살면서 가장이란 무게도 느껴 보았다. 아직도 청춘이고 싶은 마음이다. 이마에 맺힌 소금기의 진수도 맛보았다. 인생을 루나틱 열정으로 미친 듯이 살았다. 가장 소중한 게 즐거움이란 것도 깨달았다. 장수시대를 맞아 친구들과 더불어 소통하며 행복한 책읽기를 하면 롱런할 수 있을 거라고 믿고 살고 있다. 4차 산업혁명 시대에 인공지능과 친해지고 사회적 관계망을 구축해 주는 온라인 서비스인 SNS를 즐기며 자연과도 공감하는 상생 바퀴, 바로 꿈꾸는 굴렁쇠를 돌려야겠다.

— 천만사 가지를 거느리고 봄 마중 나온 능수버들을 바라보며

임동옥

| 차례 |

서문_ 5

1부

꽃다지 사랑

산수국_ 15
꽃다지 사랑_ 19
굴거리나무의 겨울나기_ 23
겨울눈_ 27
협죽도_ 31
선운산 꽃무릇_ 35
삼나무 속울음_ 39

2부

삐치는 50대, 욱하는 60대

가장이란_ *45*

삐치는 50대, 욱하는 60대_ *48*

장보는 남자_ *52*

변곡점에 서서_ *57*

병신년, 달력을 넘기며_ *64*

과훈科訓_ *68*

아호雅號 이야기_ *72*

소금기_ *77*

유리 부표浮漂_ *81*

루나틱 소회_ *84*

임진년 새해 소망_ *88*

3부

비단벌레

사마귀_ 97

비단벌레_ 103

한국산개구리_ 107

원숭이 단상_ 111

너구리_ 115

팔색조_ 119

기러기아빠_ 123

가을 곳간_ 129

4부

아비의 기도

보통의 아비_ 135

봄비와 어머님_ 139

아비의 기도_ 143

아버님의 가르침_ 149

내 고향_ 155

사부곡思父曲_ 161

고색창연마을_ 165

추도사_ 171

5부

우리들의 사랑법

문門을 열어라_ *181*

우리들의 사랑법_ *186*

애마 예찬_ *191*

남도수필과 인연_ *195*

'반상진의 세상 이야기'를 읽고_ *200*

여름방학이 오면_ *208*

여자 나이 칠십에 산행이라니!_ *212*

아직은 청춘_ *216*

6부

사이

장수시대_ 221

사이_ 225

백비 앞에서_ 229

기회의 땅_ 234

기후 변화_ 239

위기의 중년_ 243

사정이란 말말말_ 248

소통疏通의 의미_ 252

수성하자_ 257

네카 강 수변그릴 공원_ 262

행복한 책 읽기_ 266

1부

꽃다지 사랑

그대의 사랑가는 무엇이던가? 눈 오는 날 밤, 담장 밖에서 희미한 창가를 향해 부엉이 소리를 내는가? 휘파람을 부는가? 서재에서 '잿밥'에 대한 글을 쓰고 계시는가? 꽃 속에 꿀단지를 숨겨둔 꽃다지 사랑처럼 은밀한 사랑을 꿈꾸는가.

산수국

드디어 무등산 장불재다. 이마에 맺힌 땀을 훔치니 입석대가 코앞이다. 운무가 걷히자 서석대가 한눈에 들어온다. 입석대와 서석대는 산꼭대기에 발달한 주상절리다. 화산 폭발로 솟아오른 용암이 장불재를 타고 넘으면서 바람에 식어버린 돌기둥이 입석대요 서석대다.

한여름의 풀숲에는 반가운 꽃들이 피어 있다. 말나리, 꽃창포, 산수국, 뱀무, 바위채송화, 큰까치수염, 솔나물 등의 꽃들이 반갑게 인사를 한다. 그 중 백미는 산수국이다. 키는 작지만 무리를 지어 단아하게 피어 있다. 청초한 자태다. 마치 은쟁반 위에 작은 청옥들이 흩어져 있는 느낌이다. 꽃 색에 묘한 마력이 있다. 흰색과 청색 바탕에 붉은빛이 도는 꽃들이 현묘하여 사진을 찍으면 제 색이 잘 표현되지 않는다. 자연의 신비에 감탄할 뿐이다. 주상절리 틈새에 핀 산수국은 더욱 걸작이다. 어떤 꽃꽂이 작품보다 소담하고 멋스럽다.

산수국은 헛꽃과 참꽃, 두 종류가 함께 핀다. 여러 송이인 헛꽃은 흰색으로 주변을 장식하지만 간혹 붉은 빛이 돌기도 한다. 꽃잎 같은 둥근 꽃받침이 3개에서 5개이고 그 중앙에 암술이나 수술은 보이지 않고 3개의 작은 구슬을 실로 꿰맨 모습이다. 예쁘지만 수정이 안 된다. 이에 비해 참꽃은 수십 송이가 중앙에 모여 있다. 청옥색이며 꽃잎은 없고 꽃받침은 흔적만 있다. 자방에 말미잘 촉수 같은 수술 5개와 암술머리 하나가 가냘프게 붙어 있으며, 열매를 맺는 진짜배기 꽃이다.

헛꽃의 임무는 벌이나 나비를 부르는 호객행위를 하는 데 있다. 산 정상의 헬기장같이 곤충에게 꽃의 위치를 알려주며 곤충이 올 때까지 그 모습 그대로 요지부동이다. 그렇지만 꽃을 찾아온 수분 매개자는 헛꽃은 외면한 채 안쪽의 참꽃들만 찾아가서 꿀을 얻고 꽃가루받이를 시킨다.

하늘바라기인 헛꽃은 참꽃들이 수분, 꽃가루받이를 하고 나면 이내 고개를 돌려 땅만 바라본다. 바로 내비게이션의 임무를 멈춘다. 이는 수분 매개자에게 더 이상 내어줄 꿀이 없다는 신호요, 소임을 다했다는 표시이다. 곤충도 이를 알고 헛꽃으로 날아가는 수고를 하지 않는다. 이렇듯 수분 매개자와 꽃들은 멋진 교감을 하며 서로 배려하고 상생하는 동반자 관계이다.

산수국은 극 중 배역처럼 조연과 주연이 있다. 조연인 헛꽃은 곤충을 불러오고 주연인 참꽃은 튼실한 열매를 맺는다. 주연이든 조연이든 각각 배역을 맡아 생명을 유지한다. 입석대나 서석대의 주상절리도 큰 바위 기둥뿐만 아니라 이를 괴고 있는 초석이 함께 어우러져 존재감을 드러낸다. 주연과 조연이 각각의 역할들이 하나로 통합될 때 완결체가 된다. 주상절리 틈새에 키 작은 산수국이 무리를 지어 조화로운 경치를 이루듯, 구성원들이 서로 어울리면 조화로운 법이다. '밥은 혼자 먹어도 혼자 지내지는 말라.'는 주문처럼 서로 어울려 살아야 한다. 더 나아가 우리도 자연과 동화할 수 있어야 한다. 인간과 자연이 더불어 사는 문화를 만들어야 한다. 자연과의 상리공생相利共生이 바로 자연합일自然合一이요 신토불이身土不二 이다.

무등산 정상에서 산수국 꽃들이 얼굴을 내밀어 반갑게 인사하고, 하산할 때 잘 가라고 손을 흔들어주던 모습이 눈에 선하다. 한여름 찜통더위에 비지땀을 흘리며 산을 오르는 이유 중 하나는 산수국 너, 때문이다.

꽃다지 사랑

꽃다지는 봄꽃 식물이다. 봄꽃은 겨울을 지르밟고 온다. 언 땅 녹여 새싹 돋고 눈밭 헤치며 온다. 꽃다지는 2년생 풀이다. 가을에 싹을 틔워 눈보라에 맞서 자라고 이른 봄 한줄기 햇살로 꽃핀다. 작지만 진노랑 꽃들로 잔치를 벌인다. 결코 회한悔恨의 꽃은 피우지 않는다.

꽃다지는 매우 작은 편이지만 한 무리가 모여 나므로 앙증맞고 다소곳하다. 햇빛을 아주 좋아하는 양지식물이어서 큰 나무와 녹음이 우거진 여름을 피해 이른 봄에 살아간다. 긴 겨울 동안 꽃다지의 여린 잎과 줄기는 추위나 찬바람을 견뎌내야만 한다. 꽃다지 같은 봄꽃 식물들은 자신이 선택한 세상을 직시하고 현명한 판단과 의사결정을 하여 지구촌 식구로서 살아간다.

꽃다지는 아주 작은 꽃이지만 성 선택에는 한 치의 흐트러짐이 없다. 세대를 거듭날 수 있게 짝 고르기를 한다. 꽃은 종족보존을 위해 색과 향미를 가졌다. 진노랑 꽃잎은 벌과 나비와 눈맞춤하는 데 사용하고, 암술과 수술은 합심하여 달곰한 꿀을 만든다. 꿀로 벌과 나비를 불러 모으고 수술과 암술은 매개자의 날개 깃 아래 숨어서 은밀한 사랑놀이를 한다.

꽃 속의 꿀은 무엇인가? 꿀이 든 꿀단지는 2차 성징이다. 짝을 고르는 도구다. 직접적인 생식기관은 아니지만 짝짓기를 하는 데 꼭 필요한 형질이다. 동물이나 인간에게도 2차 성징이 있다. 찰스 다윈은 공작의 꼬리를 예로 들어 수컷이 화려하고 아름다운 큰 꼬리를 만드는 것은 암컷이 좋아하기 때문이라고 했다. 천적의 눈에 쉽게 띄고, 도망치기 어려운 꼬리를, 환경에 적응해야만 생존할 수 있다는 적자생존適者生存에 어긋나는 꼬리를 만드는 것은 위험을 감수하면서도 사랑을 쟁취할 때 내 유전자를 다음 세대에 남길 수 있기 때문이다.

인간의 사랑은 어떤가? 내 씨를 뿌리고 좋은 유전자를 받으려는 마음은 남녀가 따로 없다. 소천희는 〈잿밥에 대하여〉라는 시에서 "달밤에 여자와 호숫가에서/ 술을 마시면/ 아무리 퍼마셔도/ 술은 취하지 아니하고/ 어떻게 하면 배를 탈까?/ 그 궁리만 한다."고 하였다. 짝을 차지하려는 간절한 마음을 은유하였다. 사내는 사랑을 위해 얼마의 술과 시간을 허비해야만 하는가. 아무리 술을 퍼마셔도 취하지 않고 사랑을 쟁취하려는 궁리만 하는 게 수컷의 본능일지 모른다.

사랑에는 손익계산표가 필요 없다. 감언이설의 속임수 사랑일지라도, 사회적 문제가 될지라도, 술을 마셔 혀가 꼬부라질지라도 많은 시간을 투자하면서 내 유전자를 상대에게 전할 그 순간만을 노린다.

이매창은 어떤가. 〈취하신 임께(贈醉客)〉라는 시에서 "취하신 임 날 사정없이 끌어당겨(醉客執羅衫)/ 끝내 비단저고리 찢어졌구려(羅衫隨手裂)/ 비단저고리가 아까워서 그러는 게 아니라(不惜一羅衫)/ 맺은 정 끊어질까 그러는 거요(但恐恩情絕)"라고 했다. 얼마나 멋진 사내였을까? 얼마나 애절한가. 한번 맺은 속정 계속되길 바라는 마음, 끊어질까 애가 탄다.

미모나 힘센 근육도, 음악이나 문학도 꽃다지의 꿀단지 같은 요소다. 남녀가 사랑을 찾아 헤매는 성 선택은 음양의 조화요 세상 이치다. 공작이나 인간이 만든 예술혼은 사랑의 묘약으로 작용한다. 동물은 아름다운 장식이나 구성진 노래로, 인간은 심금을 울리는 시나 문장으로 사랑가를 부른다. 이런 예술혼은 바로 꽃다지가 꽃 속에 숨긴 꿀단지와 같다. 꽃다지는 꿀을 숨겨 놓고 사랑을 밀고 당긴다. 바로 꽃다지 사랑이다. 이렇듯 꽃다지가 사는 세상은 꿀단지가 있고 벌과 나비가 있고 강한 햇살이 있는 소우주다. 언 땅 녹이고 칼바람 잠재우며 사랑놀이하는 한세상 말이다.

꽃다지는 "내려올 때 보았네/ 올라갈 때 보지 못했던/ 그 꽃"처럼 회한의 꽃을 피우지 않는다. 먼저 주는 꿀단지 선물로 벌과 나비를 불러서 황홀한 사랑놀이를 한다.

그대의 사랑가는 무엇인가? 눈 오는 날 밤, 담장 밖에서 희미한 창가를 향해 부엉이 소리를 내는가? 휘파람을 부는가? 서재에서 '잿밥'에 대한 글을 쓰고 계시는가? 꽃 속에 꿀단지를 숨겨 둔 꽃다지 사랑처럼 은밀한 사랑을 꿈꾸는가.

굴거리나무의 겨울나기

올겨울은 유난히 춥다. 27년 만에 찾아온 혹한이다. 기후 온난화 탓이라고 한다. 이런 날 춥다고 방에만 있으면 몸은 자꾸 움츠러든다. 마음도 우울해진다. 반대로 기지개를 켜고 밖으로 나가 힘차게 움직이면 어깨는 펴지고 동장군은 달아난다.

얼마 전 함박눈을 맞으며 지인들과 함께 내장산을 찾았다. 길은 빙판이었다. 일행은 아이젠을 착용하고 산행을 시작했다. 단풍은 온데간데없고 앙상한 가지 위에 설화만 피어 있었다. 감나무에 매달린 홍시가 흰 눈 속에서 더욱 붉게 빛났다. 감나무 주변에 사람들이 모여 있기에 웬일인가 싶어 다가가 보았다. 사진작가와 구경꾼들이 직박구리가 홍시를 쪼아대는 광경을 카메라에 담으려고 하늘을 쳐다보고 있었다. 나도 한참 동안 눈으로 홍시를 바라보며 포식하였다.

단풍나무 가로수길 안쪽에는 굴거리나무가 분포해 있었다. 혹한기에 내장산에 분포하는 굴거리나무의 녹색 잎들은 마치 무청 시래기를 매달아 놓은 느낌이었다. 겨울철 무청 시래기는 국거리로 일품이다. 이렇듯 나뭇잎이 '국거리' 같다고 하여 붙여진 '국거리'나무. 국거리가 음운 변화하여 '굴거리'가 되고 뒤에 나무를 붙여 굴거리나무가 된 것 같다. 어떤 이들은 굿을 할 때 굴거리나무 가지를 사용하므로 '굿거리'나무가 굴거리나무로 유래된 것으로 추정하기도 한다. 또한 여름철 굴거리 나뭇잎은 호생하지만 가지 끝에서는 동심원상으로 돌려난 그 모습이 만병초를 닮았다는 이유로 내장지역 사람들은 '만병초'라고 부르기도 한다.

내장산 국립공원 지역에 분포하는 굴거리나무 군락지는 천연기념물 91호로 지정되어 보호받고 있다. 내장산 지역은 굴거리나무의 자생 북한지로서 씨앗이 떨어져 자연 발아하여 살아가는 최북단인 셈이다. 내장산 왼편의 금선계곡 경사면이 굴거리나무가 살 수 있는 북방한계선이다.

나무는 운명적으로 발아한 곳에서 평생을 살아야 한다. 춥든 덥든 눈이 오든 비가 오든 세상을 탓하지 않고 매년 나이테를 더하면서 그 모습 그대로 살아간다. 홀로 제자리에서 풍우성상을 견디며 치열한 생존 경쟁 속에서 살아가는 것이다.

일반적으로 단풍나무 같은 낙엽 활엽수는 기온이 떨어지면 잎의 내용물을 가지나 줄기로 재흡수시키고 낙엽을 떨어뜨려서 월동 준비를 한다. 이때 생장을 멈춘 가지나 줄기에 단백질, 지방 및 탄수화물을 축적시켜 빙점을 낮춤으로써 영하의 날씨를 견디게 된다. 굴거리나무 같은 상록수는 겨울에도 녹색 잎을 매달고 살아간다. 영하의 날씨에 녹색 잎은 여름철같이 물이 많으면 얼어버린다. 얼지 않기 위해 내장산의 굴거리나무는 겨울에는 광합성을 보류하고 녹색 잎에서 물을 탈수시키는 방법을 이용한다. 수분이 빠진 잎은 상대적으로 단백질, 지방 및 탄수화물의 농도가 높아져서 빙점 온도를 낮추게 될 뿐만 아니라 가지에 붙은 잎들을 아래로 늘어뜨려서 칼바람의 영향을 감소시켜 혹독한 추위를 견디는 생존전략을 보여준다.

올겨울 맹추위에 굴거리나무는 더욱 시든 것처럼 쭈그러진 잎을 매달았지만 여름날의 활력을 기대하면서 인고의 시간을 보내고 있다. 고진감래를 꿈꾸며 오늘도 추위와 맞서고 있는 것이다. 시래기 같은 저 잎들은 얼어 죽은 것이 아니다. 해동이 되는 날 저 시든 잎에 다시 생기가 돌아 힘차게 살아갈 것이다. 이것이 굴거리나무의 겨울나기다.

엄동설한에 우울증을 앓고 있는 자 있다면 내장산 눈밭에 가보면 좋겠다. 내장산의 기운을 느끼고 맛보면서 자신의 활력 에너지로 반전시키면 좋겠다. 하나 더, 그곳에서 굴거리나무의 시래기 같은 잎들을 관찰해 볼 것을 권하고 싶다. 모진 환경에 맞서 어떻게 인고의 세월을 보내는지를 보았으면 한다. 굴거리나무들이 옹기종기 모여서 맹추위와 맞서 살아가는 모습을 보면 존재 이유를 찾을 수 있을 것이다.

우리 일행은 내장산에 와서 양 볼에 단풍물을 들이고 겨울 철새처럼 재잘대면서 활력의 비타민을 서로 나누었다. 눈으로 포식하고 입으로 행복을 전염시킨 하루였다.

하산하자마자 다음 산행이 기대되는 것은 왜일까?

겨울눈

만추다. 도심의 가로수 길에 우수수 낙엽이 진다. 획획 지나가는 차량의 바퀴를 따라 낙엽들이 선 채로 종종걸음이다. 고즈넉한 오솔길로 접어들면 낙엽 지는 풍경은 더욱 아름답다. 낙엽이 융단처럼 깔린 길을 걷노라면 부러울 게 하나도 없다.

나무들의 늦가을은 분주하다. 낙엽과 열매를 떨어뜨리면서 가지 끝에 튼실한 겨울눈(冬芽)을 준비한다. 내년 봄 새싹이 돋을 동아를 만들고 꽃을 피울 꽃망울을 만들어 놓는다. 낙엽이 진다고 끝은 아니다. 겨울눈은 혹독한 시련을 견디는 나무들의 준비성이다. 새로운 시작을 알리는 메시지다. 낙엽을 떨어뜨리는 일은 표면적을 줄이기 위한 나무들의 결단이다. 최소한의 에너지를 사용하면서 혹독한 겨울을 이겨내는 것이다.

봄꽃 향연은 어떠한가? 봄눈이 채 녹기도 전에 북풍한설北風寒雪을 맞고 피는 바람꽃은 가냘프기 그지없다. 눈밭에 피는 복수초도 마찬가지다. 성미 급한 산수유나 매실나무는 꽃이 먼저 핀다. 이른 봄에 꽃 피는 벚나무도 마찬가지다. 이른 봄 추위 속에 피는 꽃들은 그 수가 많다. 혹시 강추위에 얼지나 않을까, 수분 매개자인 벌들이 찾지 못할까 염려하여 한자리에 여러 송이를 매달아서 꽃 대궐을 만든다.

"한 송이 국화꽃을 피우기 위해/ 봄부터 소쩍새는/ 그렇게 울었나 보다"처럼 마른 가지에 꽃 피우고 녹음 짓는 나무와 풀만이 만추의 풍요를 만끽하는 것이다. 늦가을 산사의 감나무는 주렁주렁 매달린 홍시들을 새에게 나눠준다. 감을 따지 않고 새에게 나눠줌으로써 매일 눈으로 홍시를 먹는 스님의 지혜, 얼마나 아름다운가? 밤나무는 밤톨을 다람쥐에게 아낌없이 나누어 줌으로써 숲 속 밤나무밭을 넓혀간다. 숲 속 생물들은 서로서로 상대에게 먼저 내어주는 배려로 가을의 풍요를 만든다.

인생이 풍요로우려면 3금이 필요하다고 한다. 황금, 소금 그리고 지금이라고 한다. 생활의 편의나 편리성을 위해 황금이 필요하고, 간에 배인 생활의 규모와 짜임새를 위해 소금이 필요하다. 그리고 지속 가능한 편의와 짜임새를 위한 현재라는 지금이 중요하다.

우리가 미물로 여기는 생물들도 준비성이 철저하다. 다산은 "누에는 일주일 쓸 고치솜을 만들고, 강남에서 돌아온 제비는 6개월 사용할 집을 정성껏 짓는다. 1년 만에 버리는 것은 까치집이다."라고 하였다. 잠시 살다 버리는 집이지만 누에는 입으로 실을 토해 고치솜을 만들고, 제비는 침을 토해 흙을 반죽하여 흙집을 만들며, 까치는 부리로 나뭇가지를 꺾어다가 집을 짓는다. 이런 모든 행위는 현재 진행형이다. 매년 제때에 이루어져야만 되는 지금이다. 지금은 현재다. 과거도 다가올 미래도 아니다. 오직 이 순간의 액션이 지금이다.

지금 이 순간 적당히 해도 좋은 일은 없다. 누에는 고치솜을 만들지 않으면 영원히 우화하지 못한다. 집을 짓지 않는 제비는 가족과 동반하여 강남으로 돌아갈 수 없다. 이처럼 모든 생물들은 목숨 걸고 살아간다. 파르르 떨고 있는 앙상한 나뭇가지에 맺힌 겨울눈은 영하의 날씨에도 여전히 생기가 돈다. 내년 가을의 풍요도 숲 속 나무들이 만드는 튼실한 겨울눈이나 열매가 있어 가능한 것이다.

≪한서≫에서도 "황금이 상자에 가득 차 있을지라도 자식에게 경서 하나를 가르치는 게 더 나으며(黃金滿籯 不如敎子一經) 자식에게 천금을 물려준다 해도 한 가지 기술을 가르치는 것만 못하다(賜子千金 不如敎子一藝)"라고 하지 않았던가?

늦가을의 풍요도 황혼의 여유도 지금에서 시작된다. 지속 가능한 미래(sustainable future)는 준비성 있는 지금에서 비롯된다는 것을 알아야겠다. 지금, 내 인생의 겨울눈은 어떤 모습인가?

협죽도

제주공항 주변이 변했다. 도로와 접한 경계부에 있었던 협죽도夾竹桃 군락이 사라졌다. 맹독을 우려한 관할지역의 조처였다고 한다.

협죽도는 상록수이고 관목이다. 꽃은 봄, 가을 두 번 핀다. 잎은 댓잎 같고 군락은 대나무 숲 같아 협죽夾竹이고, 꽃은 복사꽃처럼 붉어서 도桃를 붙여 협죽도다. 잎은 버드나무(柳) 잎 같고 꽃은 복사꽃(桃花) 같아서 유도화라고도 한다. 학명은 *Nerium indicum*이다. *Nerium*은 그리스어 'Neros(습한)'에서 유래하였고

*indicum*은 인도(India)가 원산지라는 뜻이다.

협죽도는 습한 땅을 좋아하고 공해에도 강해서 한때 남부지방에서 조경수로 심었으나, 최근에 청산가리보다 수천 배나 강한 살인적인 독을 가지고 있어서 제거당할 운명에 처해 있다. 부산에서는 이미 200여 그루를 제거했고, 경남 통영에서도 북신만 해변공원에 식재된 협죽도를 제거해야 한다고 공론화하고 있는 실정이다. 과거에는 협죽도를 사약으로 사용하였다. 협죽도에서 채취한 독을 화살촉에 발랐으며 가지를 젓가락으로 사용했다가 사망한 사례도 있다. 그래서 야외에서 협죽도 가지를 함부로 꺾어다가 젓가락 대용으로 사용하면 안 된다. 내가 알고 있는 모 교수는 백양사 지역에 스케치하러 갔다가 나뭇가지를 꺾어 젓가락으로 사용했는데 다음날 입술과 사타구니가 매우 가렵고 커다란 물집이 생겨 고생한 적이 있다. 아마 옻나무 가지를 사용한 결과일 것이다. 옻나무 젓가락은 입술과 사타구니가 문제이지만 협죽도 젓가락은 생과 사의 문제이니 각별히 주의해야 한다.

제주도에는 관아나 유배자들이 싫어한 삼금수三禁樹가 있었다. 협죽도와 동백나무와 버드나무다. 협죽도는 사약으로 이용했기 때문에 눈에 띄지 않도록 하였다. 동백꽃은 시들 때 통째로 떨어지는 모습에서 언제 내 목이 저리될까 싶어 울안에 심지 않았으며, 버드나무는 하늘거림이 간신배 같다 하여 제거했다고 한다. 삼금수의 이미지를 제 밑 구린 나리들의 속내와 연결시켰음이다. 백비로 유명한 박수량처럼 청백리로 살았더라면 과연 그랬을까. 애꿎은 나무들만 제거당한 게 아닌가 싶어 애석하다.

20대 국회의원을 뽑는 총선이 있었다. 야는 격하게 분열했고 여는 공천파동이 있었다. 결과는 여소야대 3당 체제가 되었고 차기 대선주자라는 분들이 떨어지는 이변도 나타났다. 사리사욕이나 계파몰이에만 급급하다 협죽도 사약을 받은 꼴 아닌가 싶다. 이쯤해서 국회의사당 잔디 광장에 유리온실을 지어 삼금수를 심도록 제안하고 싶다. 입법에 매진하시는 모든 의원님들께서 제헌절制憲節 날만큼은 삼금수 앞을 순례하면서 그 의미를 되새겨 보면 어떨까 싶다. 삼금수를 보지 않아서 마음 편안한 것보다는 바라봄으로써 평정심平正心을 찾는 게 더 나을 것이라는 생각이다.

협죽도를 보면서 생각에 그릇됨이 없이 올바른 의정활동을, 붉은 동백꽃을 바라보며 민의를 위한 열정을, 버드나무 흔들림에서 회복탄력성 있는 협상과 상생의 입법을 하면 좋겠다.

독이 있다고 쫓겨날 처지인 협죽도야! 너를 살리고 싶구나.

선운산 꽃무릇

숲 속이 소란하다. 대웅전 단청보다 곱디고운 꽃무릇이 골짜기마다 레드카펫을 깔아 놓았다. 내가 온다고, 네가 왔다고, 모두 오라고.

꽃무릇의 다른 이름은 석산石蒜이다. 영원한 그리움을 안고 피는 꽃. 잎과 꽃이 한 번도 만나 보지 못한 풀. 잎들이 무리를 지어 고개를 내밀고 기척을 해도 꽃은 묵묵부답 하세월이다. 꽃들이 꽃대를 힘차게 올려 깨금발을 짚고 서도 잎들 또한 대답이 없다. 그래서 서로 생각하고 그리워한다는 의미의 상사화로 불리기도 한다.

꽃무릇은 가을부터 이듬해 봄까지 초록 잎만 무성하다. 한겨울 눈밭에서도 초록빛이다. 한여름 파란 잎들이 흔적 없이 진 뒤 9월에 피는 꽃이 꽃무릇이다. 오호 애석타! 꽃무릇의 꽃대는 잎 없는 나신이다. 선혈을 토해 붉게 타오르는 꽃뿐이다. 한 떨기만 피어 있으면 너무 가냘퍼서 숨이 멎을 것 같아 애처롭다. 다행히 선운산 골짜기를 따라 무리 지어 피어 있으니 아름답고 환상적이며 고혹적이다.

꽃무릇 꽃은 잎사귀가 그리워 애가 타고, 나는 꽃무릇에 반해 속이 탄다. 타는 가슴 달래려고 선운산 복분자주를 한 잔 마시니 마음이 달뜬다. "화농점객발花濃漸客發이요, 주박승인정酒薄勝人情"이라고 하였던가? '꽃이 농염하니 나그네 귀밑털이 부끄럽고 술은 허름해도 사람 사는 정 나게 한다.'고 하지 않던가.

꽃에 홀리고 술에 취하고 벗에게 도취한 하루. 그렇다. 살다가 수지맞았다.

"동백꽃을 보러 갔더니/동백꽃은 아직 일러 피지 않았고/ 막걸릿집 여자의 육자배기 가락에/ 작년 것만 오히려 남았습니다/ 그것도 목이 쉬어 남았다."라는 시구처럼 선운사 지역은 춘삼월도 멋지지만 9월에는 더 오지다. 바로 3홍으로 물든 한세상이 있기 때문이다. 꽃무릇이 1홍이요, 양념장어구이가 2홍이며, 선운산 복분자주가 3홍이다. 여기에 덤으로 너와 나의 붉은 두 볼이 4홍이다.

선운사 골짜기에는 인정이 나게 하는 3홍이 있으니 '그립다' 할지라도 이보다 더 좋을 수 어디 있겠는가? 다시 가보고 싶다. 선운사 산사음악회에 가서 꽃무릇에 눈멀고 복분자주에 마음 젓고 노랫가락에 흥겨운 3취三醉를 즐기고 싶다.

꽃무릇이 파란 하늘을 이고 날갯짓을 한다. 꽃무릇이 나그네의 발길을 붙잡는다. 나의 가슴에 카오스의 파문이 인다. 견우와 직녀처럼 일 년에 한 번 만날 거라면 차라리 만나지 않는 편이 낫다고 생각하면서도 뭔가 애달프다. 삶이 애잔하고 모질다. 그렇다고 잎과 꽃이 만나면 회한을 풀 수 있을지 의문이다.

연戀이 연緣이 되면 얼마나 좋겠는가? 연이 인연이 되면 필연必然이요, 연이 연으로 닿지 못하면 숙연宿緣이다. 한곳에 묶여 있으면서 영원히 만나지 못하면 고연固然이다. 꽃무릇의 잎과 꽃은 고연이다. 둘은 자연의 이치에 따라 교대로 생멸生滅한다. 해와 달이 숨바꼭질하는 것처럼.

인생사 모두가 필연이면 얼마나 좋겠는가? 무심히 스치는 숙연이나 고연도 내 이웃이다. 숙연이나 고연도 윤회하여 필연이 되면 좋겠다. 꽃무릇을 바라보며 인생사 행불유경行不由徑 아닌가 중얼거려 본다. 봄 여름 가을 겨울, 계절을 굽이굽이 갈무리하는 꽃무릇 고연처럼. 길을 나설 때 항상 지름길만 선택할 일은 아니다. 오늘처럼 사행蛇行의 길이어도 흐드러지게 핀 꽃무릇에 감동하고 공감하면 발길 가벼운 법이다.

꽃무릇 만개한 선운사 계곡은 구불구불하여도 심신을 씻어주는 자연 치유의 길이다. 꽃무릇에 취해 신열身熱을 앓는 길이다.

삼나무 속울음

차창 밖 풍경은 아름다웠다. 미세먼지가 하나도 없었다. 드넓은 바다, 어머니 품 같은 한라산, 모두 푸르고 아름답고 시원스러웠다. 서귀포에 다다르자 눈에 거스르는 게 있었다. 멀쩡한 삼나무가 시름시름 앓고 있었다. 농가 주변의 삼나무들이 선 채로 죽어가고 있었다. '대학낭구'로 알려진 귤나무밭 주변을 지키던 삼나무방풍림이 아니던가. 예전처럼 하늘을 찌르는 위풍당당한 모습이 아니었다.

삼나무를 처음 본 것은 완산칠봉으로 소풍갔을 때였다. 비탈

면에서 아름드리로 자란 삼나무 숲을 만났다. 낙락장송落落長松이 아니라 낙락장삼落落長杉이었다. 선생님은, 이곳 삼나무는 일제 때 심었으며 전봇대로 사용하여 일명 '전봇대나무'라고 부른다고 말씀하셨다.

수년 전 일본의 남쪽 가고시마 현 야쿠시마 국립공원에 갔었다. 산은 온통 삼나무 숲이었다. 연중 4,500㎜ 이상 비가 내리는 난대다우림 지역으로 삼나무가 거목巨木으로 자랐다. '조문스기'는 7,400년 된 가장 오래된 삼나무이고 '기겐스끼'는 3,000년 된 노거수로 고목枯木된 부위에 다른 나무들이 17종이나 자라고 있었다.

≪삼국사기≫와 같은 ≪일본서기≫에 의하면, 소전명존素戔鳴尊이라는 신이 자신의 수염을 뽑아 흩어지게 하여 삼나무를 만들었고, 가슴 털을 뽑아 날려 편백나무를 만들었다고 전한다. 칠천 년 이상을 산 삼나무의 설화가 될 만하다. 삼나무는 쓰임새도 많았다. 섬나라이기에 바닷고기를 잡는 배를 만들었고, 지진이 많은 나라이다 보니 목조 건축재로도 안성맞춤이었을 것이다. 각종 생활도구뿐만 아니라 삼나무 향기가 밴 나무술통 역시 인기가 있다고 한다.

제주도에 도입된 삼나무는 귤밭의 바람막이 파수꾼이며 그 목재는 서랍장이나 책상으로 만드는 데 쓰인다. 삼나무 판재로 서각을 한 명패는 아주 멋스러워 제주 시내의 작은 문패나 올레길 곳곳에서 심심찮게 삼나무 입간판을 볼 수 있다. 절물 오름의 삼나무림은 명품 숲이 되었건만 세계 7대 경관 섬이 될 무렵부터 중국 자본이 들어와 돈다발에 치이고 있다. 바로 난개발이 진행되고 있는 것이다. 성북동 골짜기에 새로운 번지가 생기면서 비둘기의 번지가 사라지듯 제주도 곳곳의 산이나 밭이 대지垈地로 바뀌면서 귤밭을 지키던 삼나무는 번지가 사라져 가고 있었다. 삼나무는 선 채로 소금세례를 받았는지, 제초제 세례를 받았는지 시름시름 말라 죽어가고 있었다. 애달픈 마음을 쓸어내려야만 했다.

영원한 것은 없는 것인가? 제주도 삼나무가 고사하듯 최근 사라지는 직업들이 속출하고 있다. 일반버스, 고속버스 안내양이 사라졌고, 2000년대에는 기차역 검표원도 사라졌다. 공중전화박스는 무용지물이 되어버렸고, 테슬라가 나오면서 운전자가 필요 없는 시대가 오고 있다. 이세돌과 알파고와의 바둑대국에서 인공지능, 알파고가 승리했다. 인간이 기계에 져버렸다. 향후 20

년 후에 사라질 직업들이 줄 서 있단다. 특히 인공지능이나 사물인터넷(IOT, Internet of Thing)이 나오면서 판사나 영상의학과 의사나 약사, 요리사, 운전사, 스포츠 심판원이나 도서관 사서도 사라질 거라고 예측하고 있다.

예전에 보고 듣고 즐겼던 물건이나 자연이 문명의 이기에 묻히는 게 다소 아쉽다. 천혜의 아름다운 섬 제주도가 난개발로 인해 삼나무 번지가 사라져가니 슬프다. 삼나무 속울음을 아는지 모르는지 그 곁에서 포클레인 소리만 요란했다. 그 주변에 말없이 서있는 담팔수나 후박나무도 삼나무와 같은 운명으로 보여 안타깝다.

죽어가는 삼나무를 바라보면서도 보존시킬 방법이 없으니 가슴 답답할 뿐이다. 세계 7대 경관에 속하는 섬 제주도. 원 생태계를 유지하면서 지속가능한 발전이 이루어지기를 바라는 마음 간절하다.

2부

삐치는 50대, 욱하는 60대

한 그루의 사과나무를 심어놓고 열매를 맺지 않는다고 베어 버리는 것이 아니라, 나무 주변에 고랑을 파고 거름을 주고 잘 가꾸는 일이다. 이것은 '욱'이나 '삐침'이 아니라, 돌봄이고 배려요 삶의 진정성이다.

가장이란

영화 〈국제시장〉을 보았다. 평범한 가장家長으로 살면서 위대한 전설이 된 영화. 흥남부두에서 부산으로 피난 온 '윤덕수'의 이야기다. 덕수는 가족들의 생계를 위해 독일 파견 광부로, 월남 전쟁터에 재건 역군으로 다녀왔다. 아버지와의 상봉을 기대하면서 '꽃분이네' 간판을 끝까지 지켜냈다. 삶의 치열성을 보면서 눈시울을 붉혔다. 가난했던 시절에 대한 동질감이 가슴을 후볐다.

지난가을 친구의 장모 문상 때였다. 함께 갔던 친구 K가 말없이 사라졌다. 예전과는 다른 모습이었다. 모임마다 늘 앞장섰던 친구였다. 의리의 돌쇠였다. 얼마 후 한 친구로부터 전화가 왔다.

"K의 몸에 이상이 생겼데. 얼마 전 암수술을 했고 시간이 얼마 남지 않았다는데."

말꼬리를 흐렸다. 청천벽력靑天霹靂 같은 소식이었다.

"왜 말없이 사라졌느냐?"

전화로 채근했던 게 오랫동안 마음에 걸렸다.

K는 나보다 늦게 결혼하여 아이 셋을 두었고, 장자가 아니면서 장자 역할을 했다. 사무직으로 출세가도를 달리다가 명예퇴직을 했다. 이제 쉬면서 편안하게 살고 있는데 이런 형벌이라니! "하늘은 스스로 돕는 자를 돕는다."라고 하였는데 정반대이니 분이 치밀었다. 가슴이 아팠다. 병문안으로 K를 만났다. 어떤 위로도 어떤 말도 잇지 못했다. 말문이 막혀 얼굴만 바라보았다. 동태만 살폈다. 나오면서 토막말만 남겼다.

"잘살아라!"

나는 30년째 가장이다. K나 덕수 같지는 않지만 가장의 삶은 만만치 않다. 가장은 힘겹다. 어깨가 무겁다. 책임감이 앞선다.

가장은 형제로, 남편으로, 아비로 직장인으로 1인 4역이다. 다행스럽게 형제가 청복清福을 누리고 있어 나를 도와주는 거라고 믿고 살고 있다. 요즘엔 유스갯말로 '남존여비', 남편의 존재 이유는 아내의 비위 맞추는 데 있다고 한다.' 또한 '자식은 마음대로 안 된다.' 매년 실시하는 업적평가도 통과해야 한다. 나 아닌 가족을 위해 치열하게 사는 게 가장이다. 아버지란 단어를 생각하면 가슴이 뭉클해진다.

가장이란 가족을 위해 아파도 안 되고, 아플 수도 없고 아프다고 내색도 못 하는 신세요, 가슴에 멍이 들어도 가족의 생계를 위해 신발 끈을 동여매는 존재다.

직장에서 숨죽이며 발바닥에 땀이 나도록 뛰어다녔을 K. 이제 자기 생을 즐기려는데 '선고宣告'라니! 하늘도 무심타. 가슴이 먹먹하다. 하늘을 향해 외쳐본다.

"하느님 너무합니다!"

오늘따라 흥남부두에서 어린 덕수에게 전한 아버지의 절규가 귓전에 맴돈다.

'아버지가 없으면 네가 가장이다.'

삐치는 50대, 욱하는 60대

지하철에서 60대가 50대에게 자리를 양보하지 않는다고 막말을 하다가 멱살을 잡고 싸웠다는 기사를 본 적이 있었다. 분을 참지 못한 70대가 이혼한 아내와 장모를 천국(?)으로 보냈다는 끔찍한 사건도 있었다. 또 이웃여성을 성폭행하려다 미수에 그치자 그 방에 불을 지른 매우 씁쓸한 일도 있었다. 이는 모두 욱하는 성질이 불러일으킨 범죄였다. 경찰청 범죄관련 통계에 의하면 61세 이상 노인 범죄가 2000년에 비해 최근 2배나 증가하였다고 한다.

나이가 들면 조직에서 우위를 점하기보다 밀려나기 마련이다. 일이나 건강도 자꾸 뒤처져 간다. 한 살이라도 더 올려보려던 어린 시절에는 세월이 야속하였으나 나이 들면 아쉬운 게 세월이다. 바로 욱하기 쉬운 세대가 60대다. 60대는 아직 힘은 넘치는데 소외감이나 상실감이 크다. 스스로 건강하고 능력이 있다고 자부하는데 사회는 '잉여 인간' 취급을 하니 분노를 느낀다. 이러니 자기도 모르게 원하는 대로 되지 않으면 짜증을 내거나 욱하는 행동을 한다.

욱하는 60대 못지않게 삐치는 50대도 있다. 젊은 나이에는 그냥 웃어넘길 수 있었던 일도 곡해하곤 한다. 나도 아내의 무표정한 모습을 오해하거나 일상적인 말에 서운해 하는 경우가 더러 있다. 이제 아내는 30여 년 전의 배우자가 아니다. 자주 '있을 때 잘하자.'라고 흥얼대면서도 정작 나의 인색한 칭찬이 문제다. 야박한 칭찬은 냉기를 부르기도 한다. 가장 믿고 사랑하는 아내에게 '장풍'을 맞으면 더욱 아픈 법이다.

최근 기업체에 다니는 친구들은 거의 명예퇴직이나 권고퇴직을 당했다. 이 친구들 30, 40대 때에는 장소나 거리를 따지지 않았고, 의견충돌은 있을지라도 어떤 놀이를 하든 마냥 즐거웠다. 그러나 지금은 다르다. 남자들도 갱년기인지 퉁명스런 말투나 눈빛만 달라도 삐치는 경우가 많다. 심지어 원하는 장소가 아니면 토라지기까지 한다. 나이가 들수록 아집만 커지니 갈수록 소통이 어려워진다.

삐침은 어린 시절에는 의사소통의 한 수단이었다. 그러나 나이 들어서는 불통의 성을 쌓는 일이다. 스스로 고립되지 않고 나와 너, 우리가 함께할 수 있는 진정한 소통의 요소를 찾아야겠다. 혹자는 "상대 때문에 상처가 있다면 먼저 자신을 용서해라. 그런 상대를 고른 건 바로 자신이기 때문"이라고 말한다. 백 번 맞는 말이다. 누구든 나의 소유물이 될 수는 없다. 그러나 자신을 용서하는 일은 정말 어렵다.

진정한 자기 용서란 무엇인가? 자신의 잘못을 깊이 성찰하고 반성하는 일이다. 이는 자신을 파멸시키는 두려움이 아니라 관계를 돈독히 하는 희망의 열쇠다. 어둠에서 멀어지는 것이 아니라 빛을 향해 나아가는 것이다. 부끄러운 일이 아니라 잘사는 게 무엇인가를 찾는 것이다. 잘산다는 것은 살아있는 사람들에게 정성을 다하는 것이다. 한 그루의 사과나무를 심어놓고 열매를 맺지 않는다고 베어 버리는 것이 아니라 나무 주변에 고랑을 파고 거름을 주고 잘 가꾸는 일이다. 이것은 '욱'이나 '삐침'이 아니라 돌봄이고 배려요 삶의 진정성이다.

성찰과 반성은 생각과 행동을 하나로 묶는 일이다. 나아가 나와 너의 공감대 형성이요, 단절이 아니라 대화와 타협을 이끄는 결기다. 그러므로 뜻대로 되지 않을 때 '욱'이 아니라 '헐' 하면서 참아야 된다. 궁리를 해야 한다. 상대를 배려해야 한다. 바로 마음의 프레임을 바꾸어야 한다. 마음을 바꾸려면 공지영이 말한 나를 위한, 너를 위한 그리고 우리를 위한 배려가 요구된다. 먼저 자신에게 솔직해야 되고, 둘이 있을 때 너를 먼저 위하고, 셋 이상이 있을 때 통찰력을 가지면 된다. 자신을 성찰하고 반성하는 데는 사무사思無邪, 즉 생각에는 그릇됨이 없어야 한다. 그래야 행이정行而正, 행동이 올바르게 되는 것이다.

어쩌다 보니 나도 삐치는 50대에서 욱하는 60대가 되었다. 삐치고 욱해서 삐죽삐죽하는 늙은 오빠로 살고 싶지는 않다. 서로 소통하면서 잘 살아 보고 싶다. 주변에 있는 사람들을 가슴으로 칭찬하고 몸으로 안아주며 살고 싶다.

장보는 남자

세상 참 많이 변했다. 최근 공중파 방송마다 남자들의 요리프로가 인기다. '차줌마'나 '백주부' 같은 남자들이 새로운 요리문화를 만들어가고 있다. 남자들이 직접 장을 보고 요리하는 문화를 지칭하는 신조어가 바로 "장보는 남자, 맨플루언서(manfluencer)"다. 한 친구가 "요즘 요리를 배우네. 정년을 앞두고 간단한 요리 몇 개는 할 줄 알아야 될 것 같아서."라고 말했다. "잘한 일이네." 맞장구를 쳤다. 이제 장보는 남자, 요리하는 남자, 앞치마를 두른 남자가 멋진 시대가 되었다.

어린 시절 부엌에 들락거리면 '사내녀석이 부엌에 들어오면 고추 떨어진다.'는 말을 많이 듣고 자랐다. 진리로 여겼다. 증명이라도 하듯 남자 중학생들은 기술을, 여중생들은 가정을 공부했다. 그러다보니 맞벌이 부부이면서도 당연하게 부엌을 멀리했다. 지금껏 요리는 아내 몫이다. 큰집에 다녀온 아들은 말한다. "큰아빠처럼 하세요." 밥도 하고 상도 차리고 설거지도 하라는 말이다. 할 말이 없다. "아들, 나도 나이 들면 다 할 거야." 얼버무린다. 돌이켜보니 아내가 참 많이 힘들었겠다 싶다.

여전히 나에게는 '장보는 남자'가 낯설다. 굳이 장보기에 대한 나의 이력을 말하자면 이렇다. 고등학교 2학년 때 형과 자취를 했다. 한여름에 갑자기 김치가 먹고 싶었지만 사다 먹을 형편은 안 되었다. 중앙시장에 들러 배추를 사다가 귀동냥 실력으로 김치를 담갔다. 첫 끼는 아삭아삭하니 그런대로 맛이 좋았다. 이튿날 학교에 다녀와서 김치 통을 여는 순간 김치에 우거지가 하얗게 끼어 있었다. 더는 먹을 수 없게 변해 있었다. 그 이후 배추 대신에 콩나물과 두부만 줄곧 사다 먹었던 기억이 있다.

세월이 흘러 장가를 드니 이렇게 좋을 수가. 매일 매끼마다 진수성찬이었다. 식탁에 수저만 놓으면 끝이었다. "잘 먹겠습니다.” 고마울 뿐이었다. 가끔 짐꾼이나 말동무가 되어 시장에 따라다녔다. 1990년 초, 내가 광주로 직장을 옮기면서 2년간 주말부부를 했다. 다시 자취생 신세가 되었다. 주말에 아내가 밑반찬을 해 놓고 갔지만 국이 먹고 싶으면 식료품 가게에 들렀다. 하루는 인스턴트 북엇국을 사왔다. 그 국을 먹고 체기인지 식중독인지는 알 수 없었으나 죽을 뻔했다. 이불을 몇 겹으로 덮어도 오한이 가시지 않았다. 그 이후 인스턴트 음식은 내 장바구니에서 사라졌다. 최근 아내가 춘향고을 여고로 전근하여 관사에서 생활을 한다. 또다시 ‘조상 3대가 덕을 쌓아야 될 수 있다.’는 주중 홀아비 신세다. 어떤 친구는 “너는 무슨 복이 그리 많니?”라고 말하였고, 여자 친구들은 “좋겠다.”는 말을 흘렸다. “복은 무슨 복!” 저녁마다 장보기를 하거나 식당가를 배회할 누군가를 찾는 일도 쉽지 않고, 등 시리고 말벗 없는 밤은 더욱 싫은데 말이다.

얼마 전 영화 〈인턴〉을 보았다. 70세 은퇴자가 인턴으로 재취업한 이야기다. 70세인 인턴 벤과 30세 CEO, 줄스와의 공감 코미디영화다. 인턴은 인생 경륜에서 나오는 품격과 훈수를 보여주고, 젊고 패기에 찬 여성 줄스는 아름다움과 열정과 세심함으로 성공가도를 달렸다. 줄스의 성공 이면에는 아내의 사업을 위해 전업주부(?)가 된 남편이 있었다. 능력 있는 직장인이었던 남편이 주부가 되어 장보기와 요리뿐만 아니라 아이를 유치원에 보내는 일을 담당했다.

한 통계조사에 따르면, “18세에서 64세까지 미국남자 900명 [illegible] 이 가운데 58%의 남자들이 가정에 필요한 식료품 장보기를 [illegible] 남자의 77%는 식료품 구매목록을 직접 만들어서 장을 본다. 65%는 고기류를 구입하면서 조리법에 대해 직접 물어 본다.”라고 한다.

최근 아들은 내가 청국장이 먹고 싶다고 말하면 장을 봐서 찌개를 끓여준다. “아들 제법이네.” 엄지손가락을 치켜세워 준다. 사랑하는 아들이 정성들여 만든 요리라 더욱 맛이 좋다. 허기진 몸에 원기를 채워줄 뿐 아니라 메마른 영혼에 기쁨을 주는 일품요리다. 〈바베트의 만찬〉에 나오는 몸과 마음을 치유할 수 있는 소울 푸드(soul food)나, 〈방랑 식객〉처럼 현장에 있는 재료로 만든 별식 요리는 아닐지라도. 이제 장보는 한국남자라면 된장국이나 청국장쯤은 끓일 줄 알아야겠다. 하나 더, ‘계란말이’도 할 수 있다면 더욱 좋겠다. 스스로 행복감을 가질 수 있게 요리

할 줄 아는 남자이고 싶다.

오늘 저녁에는 푹 삶은 수육을 밭에서 뜯어온 풋풋한 배추에 싸서 먹어야겠다.

변곡점에 서서

정유년 새해 새날이 밝았다. 병신년 달력을 내리고 정유년 달력을 걸었다. 새날은 매일 오건만 정유년 1월 1일의 아침은 여느 날과 다르게 느껴졌다. 오늘부터 환갑 나이이므로. 1957년 정유년에 태어나서 2017년 다시 정유년을 맞게 된 것이다. 아직도 생각은 20대처럼(?) 젊다고 자부하지만 몸은 60년을 사용한 헐거워진 노구老軀가 되었다.

환갑까지 21,900여 일. 많이 살았다. 1970년 무렵에는 평균수명이 61.9세였다. 당시 부모님 환갑잔치는 장수를 누리는 집

안의 자랑거리였다. 자손들은 지극정성으로 부모님의 수연壽宴 잔치를 했다. 지금은 평균수명이 80세 이상이어서 잔치는 거의 하지 않지만 회갑回甲은 결코 적은 나이가 아니다. 만 60세는 정년을 운운하는 변곡점의 나이이다. 이제 롤러코스터의 가파른 꼭대기에 우뚝 선 느낌이다.

지난 30여 년 어떤 식물들이 분포하고 있는지를 연구하기 위해 산들을 찾아다녔다. 정상을 가로질러 조사를 다녔다. 한라산 혈망봉, 지리산 천왕봉, 설악산 대청봉이나 덕유산 향적봉은 모두 정상이다. 한두 번씩 올랐던 산들이다. 어디 그뿐이던가. 정상을 오르기 위해서는 무수히 많은 골짜기와 크고 작은 산봉우리나 고갯마루들을 넘고 넘어야 했다. 산꼭대기에 오르듯 지금까지 살면서 크고 작은 인생 굽이들을 넘나들었다.

지구의 나이 46억 년. 생물이 출현한 나이 대략 36억 년. 인류의 나이는 7백만 년쯤으로 추정한다. 그에 비하면 1957년에 베이비부머 세대로 태어나서 지금까지 산 나의 60년은 지구 나이에 비하면 1초도 안 되고 반만년 역사에 비하면 4일 남짓이지만 한국의 민주화와 경제적인 발전상을 한눈에 볼 수 있었던 특별한 세대라 할 수 있다.

1960년에 4 · 19혁명, 이듬해 5 · 16군사정변이 일어났고, 민주화를 외치던 시절, 1979년에 10 · 26사태와 12 · 12사태 그리고 1980년에 5 · 18민주화운동이 일어났다. 3공화국부터 5공화국까지 군사정부를 거쳐 1993년부터 문민정부가 들어서기까지 정의를 외치며 최루가스를 뒤집어 쓴 적도 있었다. 수백 년 된 영국의 의회민주주의에 비하면 군사정권과 문민정부를 합쳐 60여 년에 불과했다. 그래서인지 민주의 산실인 여의도는 격랑의 날 많은 것 같았다.

20세기 초 세계는 산업혁명으로 인해 경제부흥기에 이르렀을 때 한국은 일제치하에 시달리다 해방을 맞았고 다시 6 · 25전쟁으로 폐허가 되었다. 1955년에 한국의 GNP는 65$로 시작하여 1980년에는 1,598$로 급성장, 2000년에 9,770$, 그리고 2016년에 30,000$이 되었다. 1997년에 IMF 외환위기를 맞았으나 '금 모으기'나 경제개혁을 통해 슬기롭게 극복하였다. 1955년 대비 460배나 성장했다. 필리핀(170$)보다 못살았던 분단국가가 고속성장을 한 것이다. 경제개발계획에 베이비부머 세대가 산업역군으로 활약하면서 비약적인 발전을 한 것이다.

또한 1950년대에 세계는 1, 2차 산업혁명시대를 넘어 3차 산업혁명인 정보화 사회로 접어들 무렵 우리나라는 여전히 농경사회 그대로였다. 그러나 1970년대에 산업화와 정보화시대를 함께 시작하여 지금은 선진국과 대등하게 지식기반 사회를 선도하고 있다. 2016년에는 인공지능 '알파고'가 이세돌과 바둑을 두었고 '왓슨'이 암 환자를 진단하는 시대가 되었다. 바로 4차 산업혁명 시대에 살고 있다. 선진국에서 170여 년 이상 걸렸던 산업혁명을 우리나라는 불과 50여 년 만에 이루었다. 이런 눈부신 발전을 이끌어 온 주역이 베이비부머 세대이건만 이제 은퇴자가 되어 잉여인간 취급을 받고 있는 실정이다. 인생은 60부터라고 하지 않던가. 잉여인간으로 취급을 받지 않도록 무엇을 해야 할 것인가 묻지 않을 수 없다.

김형석 교수는 ≪백년을 살아보니≫에 인생에서 보람 있는 나이는 60~75세라고 하였다. 나를 믿게 되고 후배들 보기에도 떳떳하고 명예만 좇지도 않고 75세까지는 계속 성장하는 것 같다고 말하였다. 더불어 사는 때가 행복하다는 것이다. 나이가 중요한 것이 아니라 누군가를 위하고 사회를 위해서 일할 수 있는 사람은 창조적일 수 있다는 것이다. 콩나물에 물을 주듯 계속 책을 읽고 생각하면 85-86세까지도 연장되더라고 하였다.

공자는 자신의 일생을 뒤돌아보면서 10년마다의 변화를 말하였다. 돌이켜보면 20세 약관弱冠에는 꿈을 이루고자 대학을 다녔다. 30세 입지立志의 시기에는 생명의 본질을 찾아 불철주야 생물학 책과 씨름을 했었다. 불혹不惑의 나이에는 교육과 연구에 매진하면서 문단에는 수필로 고개를 내민 시기였다. 지천명地天命에는 멸종위기종 복원과 독도식물 조사에 몰두하였고 학회 편집위원장으로서 한국환경생태학회 20년사를 편찬하였다. 이제 하늘의 뜻을 안다는 나이인 이순耳順이 되었다. 지금도 현역에서 젊은 학생들과 함께 학문과 인생에 대해 고민할 수 있어 즐겁다. 좋아하는 책을 읽고 글을 쓰면서 문우들과 문학동아리를 할 수 있어 참으로 기쁘다. 그리고 이제부터 직함은 내려놓고 자연과 교감하고 너와 나 공감하며 지내고자 하는 마음도 즐거운 요소다.

〈관상〉이란 영화 이야기다. 눈은 마음의 표상이다. 얼굴의 상이 나쁜 방향으로 가는 것을 늘 경계해야 한다. 관상쟁이 내경은 바다를 보면서 말했다. 파도만 보고 바람은 보지 못했다고. 파도를 만드는 건 바람이지만 당신들은 파도를 높이 탄 것이고 우리는 파도의 아래에 있었던 것이다. 하지만 언젠가 파도가 바뀔 것이다. 바로 사람의 관상만 보았지 시대의 흐름은 보지 못했다는 것이다. 환갑 나이까지 다행스럽게 성난 파도나 해일은 만나지 않고 무탈하게 파도타기를 하며 살아온 느낌이다. 1985년에 결혼하고, 1989년에 이학박사 학위를 취득하고 이듬해 교수가 되었다. 2001년 수필로 등단하였고 2014년에 한국환경생태학회장이 되었다. 이런 파도타기는 아내와 아이들이 바람이 되어 등을 밀어준 덕일 테다. 이제 높은 파도는 타지 않고 바람에 대한 촉감을 느끼며 살고 싶다. 풍우성상을 탓하지 않는 산들처럼 온화한 얼굴과 편안한 마음으로 하고픈 일 즐기며 살고 싶다.

통계청 자료는 환갑까지 암이나 성인병에 걸리지 않았으니 100세까지 살 수 있다고 한다. 인생은 60부터라고 하지만 앞으로 40년은 결코 짧지 않다. 인생 정점에 서서 다짐해 본다. 다리가 풀린 하산이 되지 않기 위해 장딴지에는 힘을 주고 빈 마음으로 시선은 대자연을 즐겁게 감상하면서 가야겠다. 이제는 경쟁도 명예도 시기도 다 내려놓고 행복한 여생을 살아 볼 일이다. 그렇게 70까지 살면 무엇이든 하고 싶은 대로 하여도 법도에 어긋나지 않는다(從心所欲不踰矩)고 하지 않았던가.

변곡점에 서서 오늘과 내일에 감사할 줄 알고 인생에 대한 퇴고推敲를 거듭하면서 아홉 개 구멍이 원활하게 소통하기를 바란다. 두 눈으로 바로 보고 두 귀로는 경청하고 두 코로 사람냄새 맡고 입은 맛있게 먹고 바른 말 하며 두 구멍은 막히지 않고 잘 배설하기를 바랄 뿐이다.

정유년 새해 첫날 아내와 함께 바라본 간월도의 붉은 노을과 낙조가 하산의 묘미를 깨우쳐주는 듯 의연했다.

병신년, 달력을 넘기며

병신년, 붉은 원숭이 해가 솟았다. 새 달력으로 바뀠다. 벌써 한 장을 넘기고 7일이 지났다. 한 달이 지나면 가차없이 넘기거나 뜯어내는 게 달력이다. 요즈음은 핸드폰 달력을 보며 매일 안부를 묻는다. 나의 일정을 관리해 주기 때문이다. 해마다 달력을 정성스레 부적처럼 모시지만 지난달과는 동거하지 못한다.

달력은 삶의 지문이다. 예순 살, 720개월을 살았다. 늦둥이 아들이 '섬마섬마' 구령에 맞춰 직립했던 날, 부모님의 찬사를 받았을 것이다. 돌이켜 보면 취학통지서를 받아들고 책가방을 메고 심장이 밖으로 튀어나오도록 뛰었던 적도 있었다. 초등학교 때는 딱지치기 공차기 베트콩 놀이 등을 했고, 중고 시절에는 입시에 매몰된 가운데서도 교복 입은 채 폼을 잡았었다.

성인이 되어서는 '무질서(Entrophy)의 도'를 찾아 헤매기도 했다. '생놀이'를 위해 몰입하고 정신 집중하여 날을 지새운 적도 많았다. 그리운 너에겐 언제나 설레는 마음이었고 달뜨는 발걸음이었다. 달이 차면 아름다운 너의 모습 보고 싶었고 달이 기울면 팽팽한 그리움을 가슴 깊이 새겨도 보았다. 직장인이 되어서는 자연과 함께하는 날이 많았다. 강과 산을 찾아 참 많이 돌아다녔다. 풀과 나무는 친구였고 새와 산짐승은 도반이었다. 이런 날들이 모여 이력이 되고 지문이 되어 이제 옹이가 되어 남았다.

달력은 나를 키워 주었다. 철 지난 달력은 딱지가 되었고 때론 가오리연이 되어 하늘을 날았다. 매년 새 책을 싸는 표지가 되었고 마분지 달력은 뒷간에서 깔끔한 뒤처리에 이용했다. 달력 종이는 요긴하게 변신을 하여 즐겁고 활력이 넘치는 일 상에 동참하여 무탈하게 자라게 하는 힘이 되었다.

달력은 연락선 시간표이다. 달력을 받으면 으레 빨간 날부터 헤아린다. 강 건너 마을의 소식을 연락선이 전하듯 달력은 기념일들을 알려준다. 깨알 같은 글씨로 적은 나의 약속들도 줄줄이 달고 산다. 우리 집 기념일인 제삿날, 생일날, 결혼기념일까지, 그때그때 약속에 따라 제삿날은 큰집으로, 생일날은 식당으로, 기념일에는 백화점으로 갔다. 달이 차면 기울듯 약속이 있는 날에는 너와 나, 때론 그랑 서로 만나서 웃고 떠들며 교감했다. 달력에 적힌 메모는 무언의 명령이었고 움직이게 하는 에너지였으며 연락선 시간표 같았다.

올 1월, 달력을 넘기면서 생각이 많았다. 일 년 365일, 매년 지내온 날들이건만 돌이켜보니 크고 작은 사연이 많았다. 이기와 욕심을 부렸던 날도 있었다. 지금까지는 상현으로 차오르는 달이었다면 60부터는 하현으로 기우는 달이 될 것이다. 달은 기울다가 다시 차오르지만 인생사는 한번 기울면 그만이다. 단테의 ≪신곡≫에서 지옥문 입구에 "이 문으로 들어오는 자여, 모든 희망을 버려라."라고 씌어 있다.

어쩌면 이기와 욕심을 내려놓는 그 순간 천국으로 가는 길이 열리는지 모른다. 버릴 것은 버리고 가볍게 가자. 그러나 9회 말 2아웃 3볼 2스트라이크 상황에서도 방망이를 내려놓지 않는

타자처럼 주어진 오늘의 삶에 최선을 다하자. 다시 오지 않을 것처럼 하루하루 진솔하게 사랑하며 살자. 친구는 서둘러 만나되 혼자서도 잘 놀자. 욕심은 내려놓고 지갑을 먼저 여는 날 많게 하자. 두 발은 땅을 디디고 눈은 하늘을 바라보며 웃을 수 있게.

과훈 科訓

공부가 즐거운가. 공부가 재미있는가. 고교 졸업생 중 90% 이상이 대학에 진학을 한다. 학문이 즐거워서일까? 대학이 성공을 보장해서일까? 아니면 부모님들의 대리만족을 위한 자식들의 희생인가? 답은 제각각일 테다. 20세기 말부터 위대한 대한민국의 역설은 20대가 모두 대학생이거나 대학생이었다는 것이다.

1990년 봄에 대학교수가 되었다. 학생회실에는 한자로 적은 과훈이 걸려 있었다.

"과훈科訓: 노력努力 유락有樂"

가훈家訓이 어른들이 자손에게 윤리나 도덕적인 덕목을 잘 지키며 살라는 가르침이라면 과훈은 소속감을 가진 학과 학생들의 지향점이고 행동강령이며 스스로 나아갈 목표다.

'노력.' 노력한다는 것은 당연하지 않은가? 학생들이 체력을 연마할 뿐만 아니라 모름지기 공부를 열심히 하자는 결의를 한마디로 뭉뚱거리면 '노력'이다. 대학생은 전문 지식을 갖출 뿐만 아니라 완성된 인격체가 되도록 많은 교양서적을 읽고 원만한 인간관계를 위해 노력해야 한다. 노력에는 성과가 있게 마련이고 노력은 배반하지 않는 법이다. 낙숫물이 댓돌을 뚫듯 어떤 일에 노력으로 전념하면 무엇이든 이룰 수 있게 마련이다.

'유락.' 즐거움이 있다는 뜻이다. 당시 유락은 엉뚱한 단어로 여겼다. 솔직히 인정하기 싫었다. 당시 학생들은 학업보다 축구를 더 좋아했다. 잘못 생각할 수도 있겠으나 말 그대로 열심히 놀았다고나 할까. 여기서 '놀다'와 '유락'은 차이가 있다. 놀이는 신체 활동을 하며 즐기거나 쉰다는 개념이고 유락, 즐거움은 성취를 통해 몸과 마음이 소소한 기쁨으로 충만한 상태를 말한다. 어떻든 중년이 된 제자들이 사회에서 각각의 몫을 하고 있는 걸

보면 대견하고 뿌듯한 마음이 든다.

지천명知天命이 되어서 '유락'이란 단어에 무릎을 쳤다. 참 잘 만들었다. 노력 뒤에 유락, 멋지지 않은가? 무엇이든 이루면 기분 좋고 뿌듯하고 즐겁다. 즐거움은 행복의 터전이다. 노력하여 터득한 문리文理는 성취감과 즐거움이 따른다. 바로 학문의 내면에는 즐거움이 있는 법이다. 공자는 인생삼락 중 으뜸에 배움(學)을 두었다. 배워서 아는 것만으로 그치지 않고 '아는 것보다 좋아하는 것이 낫고 좋아하는 것보다 즐기는 것이 낫다.'고 하였다. 최고의 선은 무엇을 '안다'나 '좋아한다'가 아니라 '즐기는 것' 바로 유락이다.

어떤 정치가는 '저녁이 있는 삶'을 돌려드리겠다고 말했다. 중산층 유권자들의 반향은 컸다. 왜일까? 4 · 50십대는 일중독에 걸려 있다. 근로기준법에 정해진 시간보다 훨씬 많은 시간 동안 일을 한다. 우리나라는 '일하는 시간 세계 2위, 평균 노는 시간 세계 3위, 잠 없는 나라'로 통한다. 일 중독자들은 노는 시간도 일의 연장선상이라고 해야 맞을 것이다. 인간은 빵만으로 살 수 없듯이 일만 하고 살 수는 없다. 일을 한 뒤에는 휴식이라는 자기 주도적인 여가 시간이 필요하다. 최근 젊은이들은 쉬는 즐거움이 없는 일터는 선호하지 않는다. 저녁이 있는 삶은 바로 가족과 함께하거나 여가를 즐기는 유락을 뜻한다고나 할까.

잘사는 인생이란 무엇인가. 돈이 많다고, 고위직이라고, 권력이 있다고, 이것들이 모두가 정답이라고 생각하지는 않는다.

비전을 가진 젊은이들이여. 당신이 진정 좋아하는 일을 선택하라. 좋아하는 일에 '혼'을 불어넣는 간절한 마음으로 매진하라. 하나 덧댄다면 즐거움, 바로 유락의 삶을 살라고 당부하고 싶다.

일 중독자들이여. '열심히 일한 당신 편히 쉬십시오.' ≪시경≫의 '당풍 편'에 〈귀뚜라미〉 이야기다. '귀뚜라미 집에 드니, 이 해도 저무는구나. 열심히 일하여 풍성한 수확을 한 이들이여, 즐겨라. 즐기되 가정이나 밖의 일뿐만 아니라 걱정거리도 생각하며 지나치지 않게 편히 즐기라.'라고 하였다. 바로 휴휴休休한 유락, 지나치지 않게 편안히 즐기라고 말하였다.

유락은 혼자뿐만 아니라 둘이나 여럿이 공감하는 유대紐帶가 있어야 더욱 좋다.

환갑이 되면서 유락이란 단어에 다시 방점傍點을 찍어 본다.

아호雅號 이야기

오래전부터 전원생활을 꿈꾸었다. 아내와 나는 우리의 오래된 미래를 꿈꿀 수 있는 곳을 하나 찾았다. 심원면 하전리 99-1. 바닷가에 위치한 땅이다. 추석 전날 움막에서 모닥불을 피우고 콩대를 베다가 구워 먹었다. 별밤에 콩을 구워 먹고 있자니 동심의 세계가 따로 없었다. 아이들 이야기를 하다가 화제를 돌렸다.

"우리도 호號를 하나씩 가지면 어떨까? 여보, 당신만 부르지 말고. 옛 선비들처럼 호를 부르면 멋지지 않을까?"

아내가 맞장구를 쳤다.

"그거 좋은 생각인데."

돌이켜 보면 내 아호는 여럿이다. 별명 같은 아호다. 별명은 생김새나 버릇, 성격 따위의 특징을 가지고 남들이 지어 부르는 이름이고, 호는 본명이나 자 외에 허물없이 부르기 위해 만들어 쓰는 이름을 말한다.

초등학교 때 나는 '쌩영감'으로 통했다. 내가 어른들이 이야기하는 틈새에 끼여 다 알아듣는 것처럼 배시시 웃자 어른들이 지어준 이름이다. 늙은이 또는 지체 높은 양반이라는 말이 영감이다. 또 나이가 어리니 영감 앞에 '생'자를 붙여 '쌩영감' 하고 불렀다. 강짜를 부리면 밖으로 나가라고 할 것 같아 웃고만 있었는데 왠지 그 말이 그다지 싫지는 않았다.

대학시절 졸업여행을 갔다. 친구 SK가 떡을 한 상자 가져왔다. 여행 첫 날 떡을 좀 먹었다. 그날 밤 동양화(?)를 그렸다. 친구가 고도리를 하면 '뽕~'. 내가 점수를 내면 '뽕~'. 쓰리고를 당하면 '뽕~뽕~'. 피박을 씌우면 '뽕~뽕~뽕~'. 참 많이도 방귀를 뀌었다. 친구들은 이구동성으로 '떡포'라고 불렀다. 떡을 먹더니 포를 쏜다는 말이다. 나는 "떡포가 뭐냐. 좀 부드럽게 불러라.

술을 먹고 옆으로 걸어 앞길을 막아도 '횡포'가 아니라 '횡보'이지 않더냐? 떡포가 아니라 덕보德步가 좋겠다."라고 제안을 했다. 떡을 먹고 포를 쏘아댄다는 직설적인 이름보다, 친구들이 심심하지 않게 떡을 먹고 방귀로 추임새를 넣어주는 행위자行爲子 아닌가. 그러니 이제부터 "나는 덕보다."라고 선언했다. 풀이를 하면 덕을 행하고 베푸는 걸음걸이다.

새로 부임한 학교에서 연구실과 컴퓨터를 주었다. 학교 메일을 사용하려면 아이디(ID)가 필요했다. 망설이다가 임동옥(Dong-Ok Lim)의 영문 이름, 동에서 디(D)를, 옥에서 오(O)를 그리고 성씨 임(Lim)을 합성했다. 바로 도림(dolim)이다. 이때부터 dolim@honam.ac.kr이 내 아이디가 되었다. 도림道林은 도道가 숲을 이룬다는 의미다. 아직 도통과는 거리가 멀지만 그때부터 도림을 이루도록 더욱더 긍정마인드를 갖고 전공뿐만 아니라 가끔 인문학 산책도 한다. 도림은 나의 아이디요 아호가 되었다.

하루는 아내가 가져온 안중선의 ≪천기누설≫을 읽었다. 사는 게 다 그렇듯이 '과거는 아쉽고, 현재는 고통이고, 미래는 잡히지 않는' 게 인생이라고 하지 않던가. 나라고 예외는 아니다. 어느 부분에 나의 속 시원한 누설이 있는가 하여 눈여겨보았다.

생년월시에서 나에게는 물이 부족하니 아호를 물 수(水)변이 있고 'ㅍ' 으로 시작하는 단어가 좋겠다고 풀이 되었다. 몇 번 궁리하다가 찾은 것이 '패연沛然'이다. 의미는 소나기다. 소나기는 마른하늘에 단비를 내려 대지를 적시는 생명수다. 또 소나기가 지나가면 날이 쾌청하여 마음이 청량하기 그지없다. 퍼부을 땐 다 쏟아 부어도 곧바로 햇빛이 나므로 뒤끝이 없는 개운한 비가 소나기다. 짖을 때는 쏟아 부어도 뒤 꿍꿍이가 없는 내 성격과도 통한다 싶었다. 그러니 내 호는 '패연'이다. 꿈보다 해몽일지라도 호가 마음에 든다. 패연, 그럴듯하지 않은가? 스스로 멋지다고 자평한다. 혼자 소소하게 즐기다가 얼마 전 동료들과 담소하는 자리에서 '패연'이 나의 호라고 말하였다. 다들 어떤 의미냐며 의외라는 반응이었다. 좀처럼 듣지 못한 생경스런 단어에 그런 의미가 있냐면서 표정은 내 호기號旗를 부러워하는 눈치였다.

콩 굽는 냄새가 진동할 때 아내에게 말했다.

"내 호는 쌩영감, 덕보, 도림 그리고 패연 등 여럿이네. 당신은 선생님, 장학관도 좋지만 적당한 호가 하나 있으면 좋겠네. 여기가 심원면 하전리이니 '심원'이나 '하전'으로 하면 어떻겠는가?"

"심원과 하전은 어떤 뜻일까?"

아내가 묻고 나는 답을 했다.

"심원면의 심원心元은 면의 지형이 마음 심과 으뜸 원이란 글자 형상에서 유래하였고 뜻은 마음의 으뜸이지. 또 심원深遠은 심오하고 깊다는 뜻이고, 심원心願은 마음으로 바란다는 의미이며, 심원心園은 마음의 동산이라네. 다시 말하면 심원心元은 심오한 마음으로 바라는 마음의 동산으로 해석할 수 있지. 그리고 하전下田은 질이 좋지 않은 자갈밭이지. 그러니 당신 호를 하전도 좋지만 심원心元이 더 좋겠네."

아내는 심원, 심원하더니 괜찮다며 흡족해 했다. 우리는 별밤에 콩을 구워 먹으면서 지란지교芝蘭之交를 꿈꾸는 시간을 보냈다.

"어이, 심원."

"왜, 패연."

서로 맞받으며 이야기꽃을 피웠다. 호를 부르면서 이야기를 하니 경박하지 않고 서로 믿고 존경하는 마음이 생기는 것 같고 격조가 있어 좋았다.

심원과 패연을 에워싼 은하수 별밤은 더욱 깊어만 갔다.

소금기

하우스에 비가 새면서 잡풀이 나기 시작했다. 하우스 비닐을 새것으로 바꾸기로 했다. 작업을 하던 인부의 얼굴이 땀범벅이 되었다. 마침 라디오에서 '소금을 적게 먹어야 건강하다.'는 멘트가 흘러 나왔다.

이 말을 들은 인부는 구슬땀을 훔치면서 말했다.

"농부에겐 소금은 아무런 문제가 안 돼요. 짜디짠 음식을 먹어도 논밭에 나가 한바탕 일을 하고 나면 소금기가 다 빠져버려요. 이런 말은 넥타이 부대에게 어울릴 것이요."

"맞네요."

맞장구를 쳤다.

넥타이 부대. 나처럼 책상 앞에만 앉아 있는 사람들이 문제다. 여름에는 에어컨, 겨울에는 난방기를 가동해서 일 년 내내 온실에서 생활하니 구슬땀은커녕 모공조차 열릴 기회가 없다. 성인병이란 바로 소금기를 배출할 일이 적은 나 같은 사람들에게 해당되는 이야기지 싶었다.

인간은 사는 동안 계속 소금을 섭취해야 한다. 끼니로 밥만 먹는 인간은 없다. 탄수화물인 밥은 실은 맛이 없다. 간기가 배인 반찬을 밥숟갈에 올려야 맛이 난다. 달고 짜고 시고 쓴맛 중에서 가장 으뜸은 짠맛이다. 한여름 야외에서 심한 운동을 할 때는 물과 함께 소금 알갱이를 먹어야 한다. 그렇지 않고 구슬땀만 흘리면 탈수증으로 쓰러지고 만다. 소금 섭취는 아프리카 유목민들에게도 필수다. 이들이 가장 중요하게 여기는 동물은 소다. 유목민에게 소는 생계 수단이요, 삶의 전부다. 소젖으로 영양분을 보충하고 소피로 염분을 공급받는다. 목에 상처를 내서 생피를 받아먹는 모습은 너무 잔인해서 눈 뜨고 볼 수 없을 정도였다. 하지만 이 방법이 유목민들이 소금기를 얻는 최상의 수단이라는 것을 알게 되었다.

가끔 일하다 보면 점심을 거르는 경우가 있었다. 그럴때면 점심으로 냉장고 안에 넣어둔 떡을 데워 먹었다. 오후에 수업을 한두 시간 하고 나면 목맺힘을 느꼈고 통화하는 상대도 피곤한 것 같다고 말을 했다. 곰곰이 생각해 보니 탄수화물인 떡의 양이 적어서가 아니라 간이 밴 김치나 반찬이 없어서인 것 같았다. 구내식당에서 일식삼찬을 한 경우에는 서너 시간 수업을 하여도 멀쩡했으니 분명 소금기가 문제라고 생각했다.

소금은 짜다. 짠맛은 소금의 생명력이요 가치다. 소금은 음식 맛을 내는 데 있어서 결정적인 역할을 할 뿐만 아니라 식품을 장기 보관하는 데 반드시 필요한 요소다. 9할이 물인 배추나 바닷고기인 조기도 염장을 해야만 김치나 굴비로 거듭난다. 그래야 두고두고 먹을 수 있게 되는 것이다. 한편 소금은 체내에 꼭 필요한 물질이지만 몸속에 너무 많으면 독으로 작용하는 무기물이기도 하다.

인간사에도 간기가 배어야 한다. 흔히 남을 위한 배려나 씀씀이가 너무 짜면 인색한 사람이 되고 말이나 행동이 너무 무미건조하면 싱거운 사람이 된다. 소금으로 음식 맛을 내듯 사회에

활력을 불어 넣는 '소금 같은 존재'가 많아야 세상이 아름답게 굴러간다.

문득 궁금해진다. 나는 짠 사람인가, 싱거운 사람인가? 아니, 소금기로 제대로 맛을 낸 간간한 삶을 살아왔는가?

유리 부표浮漂

백사장은 넓었다. 해수욕을 하는 사람은 아무도 없었다. 도초도의 해수욕장은 해송림이 병풍을 치고 백사장은 완만하며 푸른 바다가 일품인 것이다. 해안가에는 순비기나무가 약 5m폭으로 카펫을 깔아 놓은 것처럼 아름답게 펼쳐져 있다. 게다가 사이사이에 통보리사초와 좀보리사초 및 갯메꽃 등이 보기 좋게 무리를 지어 있었다.

백사장을 따라 걷다가 커다란 유리 공 하나를 발견했다. 머리보다 큰 유리 공이었다. 이것은 무엇에 쓰이는 물건인고. 유리

공은 씨줄과 날줄로 엮여 있었다. 주워서 자세히 살펴보니 유리 부표였다. 한번도 보지 못한, 지금은 더 이상 쓰지 않는 퇴역한 옛날 부표였다. 바다의 모든 부표는 스티로폼으로만 알고 있었다. 유리로 만든 부표는 스티로폼이 나오기 전에 이용했던 것일 터였다.

유리 부표! 둥그스름하니 모난 데가 없다. 언제나 물 위에 떠 있으면서 물밑으로 가라앉지도, 수면 위로 솟구치지도 않는다. 물이 낮다고 탓하거나 물이 깊다고 원망하지도 않으면서 언제나 제 위치에서 여여如如하게 떠 있는 것이 부표다. 유리 부표는 임무를 다 마치고도 둥근 그 모습 그대로 해안가로 떠밀려와 또 다른 부표를 꿈꾸고 있는지 모른다. 그러나 어민들은 더 이상 유리 부표에 관심이 없었다. 이미 가벼운 스티로폼 부표에 길들어 있기 때문이다. 나는 유리 부표에 마음이 갔다. 보기도 좋거니와 옛 문화로 여겨져서 하나를 주워 와 거실 장식장 위에 올려놓았다.

부표浮漂는 일정한 위치에 고정되어 있으면서 선원들에게 물속에 잠겨 있는 그물이나 물체의 위치를 알려주거나, 정박 장소에 선박을 계류繫留할 수 있도록 위치를 표시하는 역할을 한다.

따라서 부표는 어민에게 어장의 위치를 알려주고, 선원들에게는 안전 운항을 돕는 중요한 기능을 한다. 마치 자신을 태워 어둠을 밝히는 양초처럼, 파도나 해일을 견디면서 항상 그 바다에 있으면서 가늠자 역할을 하는 것이 부표다.

바다 속에 무언가가 있음을 알려주고, 해도海道를 찾는 나침반의 역할을 다하는 부표는 충성스러운 종복이라 할 만하다. 세상을 등진 은둔의 삶도 아니요, 그렇다고 누구에게 뽐내는 삶도 아니다. 평온할 때나 태풍이 몰아칠 때에도, 언제나 현실을 직시直視하면서 제 위치를 알려 공동체의 생활을 편리하게 하는 자기희생의 미덕을 가지고 있으니 얼마나 아름다운가.

가끔 거실에 놓인 유리 부표를 보면서 인연의 끈으로 맺은 가족, 친구, 직장이나 사회에서 티내지 않고 작을지라도 꼭 필요한 가늠자 역할을 하고 있는가. 교육자로서 학생들에게 그런 기준이 되는 역할을 잘하고 있는가, 부표같이 한결같은 인생을 살아가고 있는가, 자문해 본다. 언감생심, 그런 삶은 꿈꾸지 못한다 하더라도 부표를 붙들어 맨 끄나풀 같은 삶을 살 수만 있어도 좋겠다.

루나틱 소회

며칠 전 마포아트센터에서 친구와 함께 '루나틱'이란 연극을 보았다. 커튼이 드리워지기 전 무대복을 입은 배우들이 객석으로 쏟아져 나온다. "사진기 가져왔어?" "찍을 테면 찍어." 대단히 적극적이고 열정적이다. 다른 연극은 무대와 객석이 분리된 채 음악이 흐르고 어둠이 걷히면서 막이 오르는데 〈루나틱〉은 시작 전부터 요란하고 시끄럽다.

뮤지컬 〈루나틱〉은 백재현 감독의 창작 뮤지컬로서 2004년 첫 공연 이후 관객들의 좋은 반응으로 인해 2006년 7월에 1,000

회 공연을 마쳤고, 강남의 동양아트홀을 거쳐 지금은 지방에서도 롱런 공연을 하고 있다.

공연장은 라이브 세션, 달빛 배경이 있는 2층짜리 무대, 7명의 배우들이 보여주는 다이내믹한 군무 그리고 1인 다역을 맡은 배우들의 다양한 모습으로 꾸며져 있다. 왜 내가 정신병동에 입원했는지를 억울해하는 '정상인'이라는 환자가 입원한 날, '굿닥터'는 우리와 별로 차이가 없어 보이는 '나제비', '고독해', '무대포'라는 환자와 함께 정신 치료방법 중 하나인 집단발표를 하게 한다. 정상인이 억울해하고 어이없어 하는 가운데 나제비부터 자신이 정신병원에 오게 된 은밀한 사랑 이야기를 한다. 나제비에 이어 고독해의 '~일거'라고 외치는 상황극이 이어지는데 정상인은 탈출을 시도한다. 그러나 정상인을 찾는 데 시간을 허비할 수 없었던 의사는 막간을 이용해 자신의 이야기를 들려주고 마지막 환자인 무대포까지 발표를 마치게 한다. 무대포의 발표로 숙연해진 가운데 정상인이 나타나고 주위의 권유로 자신의 이야기를 하게 된다. 하지만 비정상적인 정상인의 얘기에 모두들 외면하고 떠나 버린다.

진정제 대신 춤과 노래로 마음을 다스린다는 굿닥터의 소신

아래 환자들의 흥겨운 무대가 몇 차례 반복된다. 공연 내내 진지해야 될 문제를 웃으면서 즐기는 뮤지컬!

"어떻게 사는 게 옳은가?" 자문을 하는 순간, 의사는 관객들에게 '환자' 라고 외치며 오늘의 뮤지컬은 지금까지 여러분의 이야기를 모아서 극으로 꾸몄다는 설명과 함께 주인공인 환자들을 소개할 때 우레와 같은 박수가 터져 나왔다. 관객과 배우가 함께 공감하면서, 바로 나의 얘기로 느낄 때 막이 내렸다.

뮤지컬 〈루나틱〉은 "이 세상 미쳤다고 인정하고 사는 게 미친 게 아니야."라고 외치는 노래처럼 무언가에 미쳐 사는 우리들의 이야기다. 그렇다. 무언가에 미쳐 사는 게 인생이다.

하루키는 '1Q84'에서 'lunatic(루나틱)'과 'insane(인세인)'의 차이를 말한다. 둘 다 정신이상이라는 문제가 있다는 형용사지만, 인세인은 선천적으로 머리에 문제가 있어 전문적인 치료를 받는 게 바람직하다는 것이요, 그에 비해 루나틱(lunatic)은 달(luna)에 의해 일시적으로 정신을 빼앗긴다는 게 다르다. 19세기 영국에서는 '루나틱'이라고 판정받은 사람은 어떤 범죄를 저질러도 그 사람의 책임이라기보다 달빛에 홀렸기 때문이라는 이유로 그 죄를 한 등급 감해줬다고 한다.

우리가 사는 세상이 바로 루나틱이다. 달을 보고 술을 마시다 물속에 빠져버린 이태백처럼 무언가에 몰입하는 세상이 지금이다. 뮤지컬 〈루나틱〉에서 미쳤다는 의미는 정신이상자, 사이코, 미치광이와 같은 인세인이 아닌 즐겁고 정열적이라는 의미다. '무엇에 미쳤다.'라고 당당히 말하는 사람들에게서는 뜨거운 열정을 느낄 수 있다. 그 모습에서 진한 감동이 전해온다.

미치지 않고는 미치지 못한다는 즐겁고 열정적인 사람들!

무언가에 몰입하였으므로 행복한 사람들!

사랑의 파생상품인 외로움을 부여잡은 '고독해'!

이 루나틱 세상에서 과연 누가 정상인일까.

지금도 고독해의 달빛 연기, 통통 튀는 열정적인 에너지를 떠올리면 무딘 내 가슴에 잔잔한 파문이 인다.

임진년 새해 소망

새해, 새날, 새롭게 떠오르는 태양!

하루만 지나면 2012년 새날이 열린다. 매일 떠오르는 태양이건만 새해 첫날의 해맞이는 느낌이 다르다. 꿈과 희망이 있고 미래에 대한 기대와 포부가 담겨 있다. 떠오르는 해를 보고 있으면 힘찬 에너지가 느껴진다. 태양을 향해 이카루스의 날개를 펴고 싶다.

일출을 보는 자는 행운아다. 수도권의 150만 인파가 동해바다 수평선 너머에서 떠오르는 태양을 보려고 이동한다. 뒷동산에 올라 앞산 봉우리나 계곡에서 떠오르는 해를 보거나, 호수 위나 지평선 위로 솟는 해를 보기도 한다. 어떤 이는 방안에서 TV를 통해 전국 방방곡곡의 일출을 맛본다.

해맞이를 하는 마음은 누구나 숙연하다. 저마다 새해를 맞이하는 소망이 담겨 있다. 다사다난했던 과거는 묻고 희망찬 새해, 개인의 안녕과 행복, 평안과 귀함을 갖고자 염원한다. 자신을 위한 소원, 가족을 위한 기도, 국가를 위한 기원도 담아본다.

나는 마음을 새롭게 다잡기 위해 지리산 노고단의 일출을 보러 갔다. 오후 늦게 출발하여 성삼재 주차장에 도착했을 때 해는 기울어 저녁노을로 번지고 있었다. 배낭을 메고 서둘러 산행을 시작했다. 매서운 추위이지만 눈밭을 걷는 기분은 흔쾌했다. 맹추위에 살짝 언 눈은 뽀드득 소리를 더 크게 냈다. 서걱거리는 소리를 듣고 찬바람을 가르며 걷는 산행은 마음을 동심으로 줄달음치게 했다. 섬진강이 내려다보이는 종석대 능선에 올라섰을 때 저녁노을이 붉게 타올랐다. 섬진강은 어둠 속으로 파고들면서 흰 이를 드러냈다. 온통 대지를 뒤덮은 흰 눈 위에 노을빛이 뿌려졌다. 저녁노을은 절제된 아름다움이요 환희의 설렘이며 오늘을 사르는 순결함이다. 올해 힘겹고 어려웠던 일들을 스러지는 섬진강에 모두 띄워 보내기를 소망했다. 잠시 명상을 하고 눈을 떠보니 강물은 내 기도문을 듣고 어둠 속으로 사라졌다.

이제 노을도 사라진 어두운 밤이 되었다. 새해를 맞이하기 위한 야간산행은 새로운 희망과 기대로 더욱 마음이 달떴다. 어느새 상현으로 뜬 달이 능선을 실루엣으로 만들어 놓았다. 먼 산과 나무들은 검은색이요 시야에 들어오는 대지는 눈으로 덮여 순백세상이었다. 흑백의 조화가 멋스러웠다. 달빛은 길잡이가 되어 설원의 슬로프로 인도했다. 하늘에서는 달과 구름이 유희를 즐기며 앞서고 뒤서기를 반복했다. 그 주변에는 축하라도 하듯 수많은 별들이 총총했다. 분명 별유천지비인간의 세계에 들어선 느낌이었다. 야간산행이 이렇게 오지고 즐거울 줄은 미처 몰랐다.

드디어 산장에 도착했다. 산장에서 준 담요 두 장으로 몸을 녹였다. 산장 특유의 내음과 찬 기운이 콧잔등을 넘나들었다. 지그시 눈을 감고 잠을 청했다. 산사람들의 부스럭거리는 소리, 먼저 잠든 이의 코고는 소리, 삐거덕거리는 문소리가 귓전에 파도처럼 철썩였다.

새벽녘 바스락거리는 소리에 잠을 깼다. 산사람들이 모두 일어나 옷들을 껴입고 헤드랜턴을 켠 채 어둠 속으로 사라졌다. 나도 따라 나섰다. 이런저런 생각을 하면서 산행을 하였다. 특히 올해는 비워서 채워지는 사회, 먼저 주어서 얻어지는 사회, 무소유로 더 아름다운 사회가 되기를 기원하였다. "무소유란 가지지 않는 것이 아니라 불필요한 것들로부터의 자유"이며 "하나로 충분한 것은 절대 둘을 가지지 마라. 하나도 사랑스럽던 것이 둘이 되면 어느 하나도 귀하게 느껴지지 않는다."라는 법정스님의 말씀을 마음에 새겨 본다. 나폴레옹이 넘었던 히말라야 정상에는 stop(멈춰라), think(생각하라), go(가거라)가 적혀 있다고 한다. 나는 노고단 정상에 멈춰 서서 눈발을 뒤집어쓴 방지목책 설화雪花 십자가 앞에서 자문했다. 나의 정상은 어디이고, 언제인가? 오늘인가 내일인가. 이곳이 최고봉인가? 인생사 정상에 오르기는 쉬워도 그 자리 비우고 내려오기는 어렵다고 하지 않던가? 지금 하는 일에 최선을 다하고 있는가? 그 일은 덕스러운가? 배려 없는 욕심꾸러기인가? 꼭대기에서 다시 바벨탑을 원하고 있지는 않은지?

어스름이 걷혀 갈 무렵 인생사는 어둠에서 밝음으로, 밝음에서 어둠으로 변화무쌍하여 새옹지마塞翁之馬라는 생각이 스쳤다. 반전은 항상 있다. 하나 조급한 마음에 일희일비하는 날 얼마나 많았던가? 힘찬 기운을 품은 새벽노을은 희망차고, 찬란한 빛으로 갈무리하는 저녁노을은 얼마나 아름다운가. 해와 달, 빛과 어둠, 서로 주고받는 사이다. 해는 영원한 빛이지만 매일 지구가 한 바퀴 돌 때마다 주저 없이 어둠에게 자리를 내어 준다. 함께 따라 돌지 않는다. 이런 이유로 어둠에서 피어나는 아침햇살은 더욱 빛나는 것이다. 우리도 서로 배려해야 된다. 배려는 자신에 대해서는 솔직함으로, 둘이 있을 때는 상대를 먼저 위함으로 그리고 셋 이상일 때는 통찰력을 가져야 한다. 정상에 선 자, 한번쯤 생각해 볼 일이다. 갑甲이 누리는 권력이나 축재가 금잔에 담은 향기로운 술이고, 옥쟁반에 담긴 맛 좋은 안주가 되어 많은 을乙의 피나 고통의 요소가 되지 않았는지 말이다.

정상에 오르는 길은 선해야 되고 덕이 있어야 된다. 히말라야 정상에 오르기 위해서는 두 발로 한 걸음씩 걸어가야만 하는 힘든 여정이 필요하다. 잭 니콜슨과 모건 프리먼이 주연한 〈버킷리스트〉를 떠올렸다. 시한부 인생을 사는 노년들이 히말라야 정상을 오르자고 희망했건만 오르지 못했다. 결국 깡통신세가 되어 헬기에 실려 그곳에 묻히는 장면으로 영화는 끝났다. 누구든 자신의 버킷리스트를 적어보면 좋겠다.

노고단 정상에서 맞는 새해 첫날, 강추위에 바람마저 매서웠다. 얼어버린 손발과 얼굴은 내 것이 아닌 것처럼 느껴졌다. 언 발 동동거리고 언 손 비벼가며 동쪽 하늘을 응시했다. 지리산 천왕봉과 더불어 켜켜이 놓인 능선들이 양팔을 벌려 춤사위를 드러내기 시작했다. 처음에는 희미하고 매우 느린 모습으로 소맷자락을 펴 보였다. 산들이 켜켜이 일렬로 서 있는 끝 능선에서 둥근 불덩이가 고개를 쳐들었다. 순간 찬란한 빛이 우리를 향했다. 일제히 "일출이다!" 하고 외쳤다. 한참 동안 우주의 힘찬 기운을 온몸으로 받았다. 노고단 돌탑 옆에 망부석처럼 서서 기도했다.

나와 가족들의 건강과 행운을 빌고 더불어 잘사는 사회가 되고 발전하는 나라가 되기를 빌었다. 나부터 마음 비우는 실천, 무소유를 실천하는 일을 많이 해야겠다고 다짐했다. 비움으로써서 채우고, 줌으로써 얻는 생활, 마음의 빚진 것 내려놓고 마음 부자로 살고 싶다는 소망을 간절하게 담았다.

임진년 새해, 희망찬 첫날!

지리산에 수북이 쌓인 눈밭에, 한 발자국엔 나누고 비우는 마음, 다른 한 발자국엔 행동하고 실천하는 염원을 담은 기도문을 남기고 하산했다.

3부

비단벌레

어린 시절 여름방학이면 산딸기를 따 먹을 욕심에 꼴망태를 메고 방장산을 오르내렸다. 늘 길앞잡이를 앞세웠다. 더위를 식히려 풍뎅이 머리를 붙잡고 부채질을 했다. 사슴벌레도 놀잇감이었다. 재수 좋은 날에는 비단벌레도 보았다. 이들 모두는 한여름 장대비가 내려도 끄떡없는, 등딱지 우장雨裝을 한 갑충甲蟲이다. 가장 아름다운 녀석은 비단벌레였다. 여름철 최고의 신사요, 멋쟁이였다.

사마귀

방충망에 달라붙은 사마귀가 나를 노려보고 있다. 사마귀를 향해 손가락을 움직였더니 머리를 치켜세운다. 고놈 거동 좀 보소. 줄행랑을 쳐도 모자랄 판에 대적이라도 하려는 듯 버티는 게 가당키나 한가. 머리를 툭 건드렸더니 앞발을 치켜세운다. 뭔가를 노리는 폼이다. 물러서지 않는다. 범상치 않게 노려보고 있어서 그냥 놔두고 관찰하기로 했다. 저녁 식사 후 한 시간 두 시간 그리고 세 시간이 지나도 불빛에 비추인 모습은 처음 그대로다. 미동도 하지 않은 채 말이다. 사마귀의 거만한 자태가 마치 범이 먹잇감을 노리는 모습처럼 무섭게 생겼다고 해서 범(호랑이)의 아재비(아저씨), 즉 버마재비라고 부른다. 한자로는 당랑螳螂이다.

≪장자≫의 '천지편'에 '당랑지부螳螂之斧'가 나온다. 이는 사마귀가 앞발을 들고 도끼를 휘두른다는 뜻으로 제 분수도 모르고 강한 적에게 덤벼드는 무모한 행동을 일컫는 말이다. 또한 ≪장자≫의 '외편'이나 '산목편'에 〈당랑박선螳螂搏蟬〉이 있다. 장자가 사냥을 즐기고 있는데 까치 한 마리가 낮게 날아와 근처 밤나무에 앉았다. 옳거니, 튼실한 사냥감이군. 곧바로 활을 겨누는 순간, 까치를 겨눈 장자의 눈에 실로 기이한 광경이 들어왔다. 자기가 겨누고 있는 까치는 풀잎의 사마귀를 노리고, 사마귀는 나무 그늘에서 세상모르고 맴맴 사랑가를 부르는 매미를 노리고 있었다. 나를 비롯한 모두가 자기가 노리는 사냥감에만 정신이 팔려 자신의 위험은 전혀 신경을 쓰지 않고 있는 게 아닌가. 이를 깨닫는 순간 장자는 활을 거두고 그곳을 빠져나왔다. 그러다 마침 뒤쫓아 온 밤나무 주인에게 붙잡힌 장자는 밤도둑으로 몰려 심한 욕설을 들어야 했다. 이 당랑박선은 사마귀가 매미를 노린다는 말로 지금 당장의 이익만을 탐하여 그 뒤의 위험을 알

지 못한다는 의미다.

사마귀를 바라보면서 어느 해 늦가을 길가에서 목격한 사마귀가 생각났다. 분명히 덩치 큰 사마귀가 조금 작은 사마귀를 업고 사랑을 나누었는데 얼마 안 가서 큰 암컷이 수컷을 잡아먹고 있는 끔찍한 장면이었다. 짝을 차지하기 위한 수컷들끼리의 군웅할거群雄割據는 보았어도 사랑의 대가로 그 자리에서 죽임을 당하는 모습은 처음 보았다. 자손을 점지해 주었으니 몸 구완을 해 주어야 옳을 터인데 이게 웬일인가. 알고 보니 사마귀는 유일하게 암컷이 교미 중에 수컷을 잡아먹어 버리는 습성이 있는 곤충이었다.

사마귀는 앞발은 톱날 같이 크고 길어서 포획하기에 알맞은 모양새다. 머리는 역삼각형으로 양 끝에 두 개의 겹눈을 가지고 있다. 이 녀석은 앞발로 옆으로 다가선 곤충들을 잡아먹으니 '죽음을 부르는 마귀'와 같다 하여 사마귀死魔鬼다. 동족끼리 힘 겨루기를 하기도 한다. 수컷들은 사랑하는 대상을 놓고 치열하게 싸운다. 우듬지가 될 때까지 사랑을 위해 살고, 사랑에 울고, 사랑 때문에 목숨을 건다. 사마귀의 사랑은 끔찍할 정도다. 장렬하게 생명까지 내놓는다. 사마귀는 부리부리한 눈으로 세상 무서운 줄 모르고 살지만 희생적인 사랑을 할 줄 안다. 암컷보다 작은 체구의 수컷은 사랑을 완결하는 순간 죽음이다. 환희의 순간이 지나자마자 암컷에게 잡아먹힌다. 다음 세대를 위해, 내리사랑을 위해 자양분으로 자신의 몸을 내놓는다. 숭고한 죽음일 터이나 차마 눈뜨고 바라보기 힘들다. 이러니 죽음의 마귀, 바로 사마귀가 아니고 무엇이겠는가.

그리고 사마귀의 영어 이름은 mantid나 mantis다. 'mantis'는 그리스어로 '점쟁이'라는 뜻인데 초자연적인 힘을 지녔다고 하여 붙인 이름이다. 사마귀에 대한 수많은 신화나 전설이 있는데, 사마귀의 갈색 타액唾液은 사람을 장님으로 만들고 사마귀를 먹은 말이나 노새는 죽는다고 한다. 또 다른 영어 이름은 'devil's horse'(악마의 말)이나 'mule killer'(노새 살해자)인데 '말을 죽이는 귀신'이라는 의미의 사마귀死馬鬼인지도 모르겠다.

다른 별칭은 오줌싸개다. 사마귀란 녀석이 손등에 오줌을 싸면 몸에 사마귀가 생긴다 하여 붙인 이름이다. 물러설 줄 모르는 녀석일지라도 무소불위無所不爲의 힘을 가진 건 아니다. 주행성인 사마귀는 천적인 새에게 잡히면 죽을 수밖에 없는 운명이어서 낮 동안에는 좀처럼 날거나 움직이지 않고 보호색으로 위장

한 채 한곳에 오래 머물며 사냥감을 노린다. 그러나 사마귀도 포식자에게 잡히면 어쩔 수 없이 죽는다. 그냥 죽기는 서러운지 포식자에게 잡아먹히지 않으려고 오줌독을 갈겨 상대를 따돌린다.

사마귀는 포획과 포식에 능할 뿐 아니라 천적을 피하는 장치도 가지고 있다. 커다란 겹눈은 낮에는 녹색이나 갈색이지만 밤에는 검게 되어 잘 볼 수 있어서 먹이를 쉽게 사냥한다. 그러나 밤에 먹이나 짝을 찾아 서툴게 날아가다 상위 포식자인 박쥐의 레이더망에 걸려 잡아먹히기도 한다. 다행히 사마귀는 박쥐의 초음파 레이더를 감지할 수 있는 귀가 가슴에 하나 있다. 장이권이 말하는 하나의 귀로 청력을 얻는 방식인 키클롭스 귀를 가진 사마귀는 박쥐를 피하거나 따돌릴 수 있다.

이처럼 사마귀는 예부터 당랑지부를 일삼는 기이한 행동거지로 살아왔다. 낮에는 당랑박선을 하는 사냥 실력으로 포식하고, 밤에는 박쥐를 교묘하게 따돌리는 비행수법으로 생존하는 이 당랑거사는 인간사에 많은 설화나 어록을 남겼다.

우연히 맞닥뜨린 당랑거사의 생애가 내 삶에 던지는 물음이 자못 진지하다. 목숨을 내어줄 만큼 뜨거운 사랑을 한 적이 있는가? 눈앞의 이익에 급급하여 목덜미를 내준 적은 없는가? 내 뜻을 막아서는 세상의 벽에 아니오, 정의를 위해 배짱 있게 맞서 본 적이 있는가? 만용일지언정 당랑거사의 용기가 부러워지는 것은 왜일까.

비단벌레

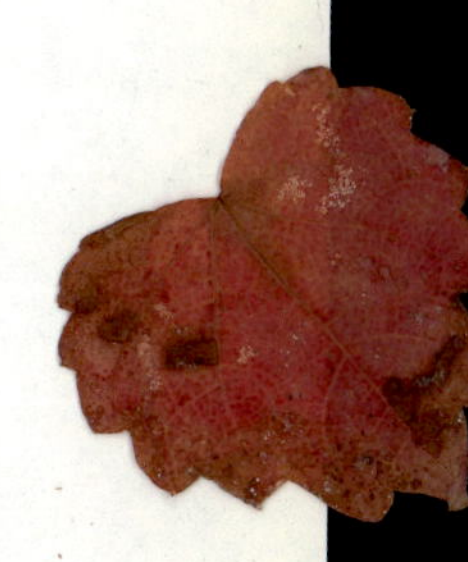

금녹색이다. 화려한 광택을 낸다. 금발여인의 머릿결보다 더 자르르한 윤기가 흐른다. 노신사의 구두코보다 더 반짝거린다. 배와 가슴은 금빛이 도는 적색이다. 한마디로 현란하다. 비단벌레는 색의 마술사다.

천년고도 경주에 특이한 셔틀버스가 등장했다. 생김새가 재밌다. 왕눈이 헤드라이트에 금녹색 지붕이다. 지붕은 머리, 가슴은 앞칸, 몸통 부위는 뒤칸이다. 다리는 여섯인데 바퀴는 여덟개인 기이한 비단벌레 차다. 일천오백여 년 전 비단벌레가 되살아났다. 이 차는 1975년에 신라 시대 고분 황남대총에서 출토된 '비단벌레 날개로 장식한 말안장 유물'을 기념하는 상징물이다. 이 말안장은 2,000여 장의 비단벌레 금녹색 날개 위에 금동으로 맞새김한 투조판으로 장식해 놓았다. 금빛 찬란하다. 그때 그 빛이 그대로 살아있다. 정말 아름답다. 신라를 대표하는, 신라인의 찬란한 문화를 보여주는 최상의 공예품이자 귀중한 고고학 자료다.

어린 시절 여름방학이면 산딸기를 따 먹을 욕심에 꼴망태를 메고 방장산을 오르내렸다. 늘 길앞잡이를 앞세웠다. 더위를 식히려 풍뎅이 머리를 붙잡고 부채질을 했다. 사슴벌레도 놀잇감이었다. 재수 좋은 날에는 비단벌레도 보았다. 이들 모두는 한여름 장대비가 내려도 끄떡없는 등딱지 우장雨裝을 한 갑충甲蟲이다. 가장 아름다운 녀석은 비단벌레였다. 여름철 최고의 신사요, 멋쟁이였다.

비단벌레는 황금녹색의 화려한 광택 때문에 예로부터 '왕의 곤충'으로 불렸다. 곤룡포에 황금색 장식은 왕의 전유물이었다. 비단벌레는 부와 명예, 영생의 상징으로 여겼다. 황남대총의 말안장도 어가 행렬에 사용했던 유물로 생각된다.

비단벌레를 무분별하게 남획한 결과인지 우리나라에서는 거의 찾아볼 수 없게 되었다. 환경부는 멸종위기종으로, 문화재청은 천연기념물로 지정했다. 2012년에 내장산국립공원에 비단벌레가 나타나 깃대종으로 정했다. 변산반도에서도 발견되어 매우 기쁘고 반가웠다.

비단벌레의 숙주식물은 팽나무나 벚나무인데 이들 나무에 7월 말에서 8월 초에 산란을 한다. 이듬해 알에서 깨어난 애벌레는 이 나무 속에서 목질부를 먹고 자란 다음 다시 날개가 돋아 찬란한 갑옷을 입는 생놀이를 한다.

40여 년 전 당산나무인 노거수들이 종교적인 이유나 새마을 사업으로 많이 훼손되었다. 다행스럽게도 남해안 해안가 마을에는 팽나무 노거수가 남아 있다. 팽나무나 벚나무가 숲을 이루고 이들이 마을과 마을로 이어질 때 내장산에서 발견된 비단벌레가 서래봉이나 연지봉 위를 날아서 한반도 전역으로 퍼져 나갈 수 있을지 모른다는 기대를 갖는다. 자연자원을 귀히 여기고 보전을 해야 하는 이유가 여기 있을 것이다.

황남대총의 '말안장 유물'을 기념하는 비단벌레 차보다 경주 시내 곳곳에 비단벌레가 비행하면 얼마나 좋겠는가? 가능하다면 황남대총 앞뜰에 팽나무나 벚나무 숲을 조성하여 비단벌레들이 공생하는 날이 오면 좋겠다.

저 어린 날처럼 길앞잡이를 앞세우고, 고개를 비튼 풍뎅이 부채로 땀을 식히면서 비단벌레와 함께 경주 유적답사를 하는 날이 왔으면 좋겠다.

한국산개구리

〈나는 자연인이다〉라는 프로를 보았다. 푸석이는 낙엽들이 나뒹구는 언 땅에선 봄소식을 전할 준비가 한창이었다. 눈밭에서 캐낸 장뇌삼 뇌두는 탱글탱글하고 엉겅퀴는 이미 잎이 돋아 푸른빛이었다. 메기를 잡으려는 물웅덩이 얼음장 밑에서는 벌써 한국산개구리가 짝짓기를 하고 있었다. 봄은 버들강아지로부터 오고 새의 울음소리로 온다고 하지만 봄은 산개구리의 울음소리를 듣고 달려온다고 해야 맞지 싶다.

산개구리는 산골짜기 계곡이나 물웅덩이가 고향이다. 어릴 때는 산개구리라고 했는데 대학에 오니 북방산개구리나 아무르 산개구리로 불렀다. 산골에 사는 계곡산개구리도 있다. 최근 아무르산개구리는 한국산개구리로 이름을 바꿨다. 이들을 뭉뚱그려 산개구리라고 부른다. 크기는 북방산개구리가 가장 크고 다음은 계곡산개구리, 한국산개구리 순이다.

춘래불사춘春來不似春, 봄은 왔건만 봄 같지 않은 날인데 산골짜기가 요란하다. 적막강산이던 산골에 웬 기이한 소리가 들린다. 그 소리의 근원을 좇아가니 양지쪽 낮은 물웅덩에서 수백마리로 보이는 한국산개구리들이 우렁찬 합창을 한다. 요 녀석들 산간 계류에서 겨울 동안 물 한 모금 마시지 않고 동안거를 했는지 눈을 뜨자마자 소란이다.

나의 인기척에도 아랑곳없이 서로 자리다툼을 하고 있다. 짝짓기에 성공한 녀석은 말없이 표정관리하고 있는데 짝을 찾지 못한 수컷들은 아우성이다. 암컷에 올라탄 녀석은 '헉헉'대고 주변을 어슬렁거리는 건달들은 "흐르르릉 흐르르릉" 노래로 푼다. 짝 잃은 수컷들은 포접抱接한 녀석들의 주변을 맴돌거나 그 위를 올라타면서 안간힘을 다하고 있다. 어떻게든 암컷을 차지하려고 목청을 돋우며 곁을 파고든다. 이처럼 얽히고설켜 뒤엉키니 산

골짜기가 소란스럽고 시끄러울 밖에.

봄소식은 산개구리 울음소리를 타고 온다고 하였지만 실은 그 소리는 짝짓기를 하여 종족을 보존하려는 안간힘이다. 조물주의 장난인지는 모르겠으나 수컷의 수보다 암컷들이 턱없이 적으니 문제다. 봄소식에 암컷을 유혹하려는 수컷의 울음주머니가 바빠질 수밖에 없다. 암컷들의 내숭은 하늘을 찌른다. 눈만 껌벅껌벅한다. 그 암컷 주변을 에워싼 수컷들은 윗몸 일으키기와 노래자랑을 한다. 그중에서 제일 힘이 세고 명창인 수컷에게 암컷은 등을 내어준다. 이는 튼튼한 자손을 두려는 속셈이다. 적자생존適者生存을 위한 산개구리 나라의 전략이다.

한국산개구리의 아우성치는 시기가 점점 빨라지고 있다. 지구온난화로 인해 산란시기가 앞당겨진다는 견해도 있다. 과거에는 산란시기가 경칩을 전후한 2월 말에서 3월 초였다. 최근 제주도에서는 1월 중순, 남부지방에서는 1월 말 그리고 충청도에서는 2월 중순에 집중적으로 산란하고 있다고 한다.

이제 한국산개구리의 산란 시기가 빨라지고 있다. 지구온난화 때문인지를 밝혀야겠다. 지구온난화일 경우 이를 지연시키거나 저감시킬 수 있는 방안을 모색해야겠다. 산중의 한국산개구리들의 멋진 한세상을 위해서 또 인간들의 참살이(wellbeing)를 위해서 말이다. 지구촌에서 가장 큰 이변이었던 거대 공룡의 절멸을 마음 깊이 새기면서 이산화탄소의 농도를 낮추는 방안을 찾는 그날이 올 때까지.

원숭이 단상

원숭이가 손에 든 검은 봉지를 낚아챘다. 먹을 게 없는 모양인지 실망한 눈치였다. 자리를 피해 딴전을 부렸다. 분수대에 가서 물을 먹다가 상대의 몸을 만지고 털을 손질해 주었다. 털 고르기 작업을 놀이로 하면서 서로 스킨십을 했다. 만국기처럼 타루초(經文旗)가 펄럭였다. 카트만두에서 가장 오래된 스와얌부나트, 원숭이 사원에서다. 원숭이가 주인처럼 활보했다.

일본 닛코 도쇼구 지역의 도쿠가와를 모신 신사에는 벽화 중에 '산자루(三猿)'가 있다. 바로 듣지 않고, 보지 않고, 말하지 않는 원숭이 세 마리다. 이곳을 방문한 수많은 일본인들은 나쁜 것은 듣지도 말고, 보지도 말고, 말하지도 말라는 것을 핵심 철학으로 삼았다고 한다. 욱하고 삐치기 쉬운 우리 세대들이 새겨야 할 벽화가 아닌가 싶다. '네 탓이 아니라 내 탓'이라고 말이다.

병신년, 붉은원숭이의 해가 열렸다. 손오공, 원숭이는 나무를 아주 잘 타고 재주가 많고 슬기로워서 재수와 장수, 지혜의 상징으로 여긴다. 강한 군서성群棲性과 우수한 지능을 가진, 포유류 중에서는 가장 진화된 종이다. 진화론자들은 원숭이를 인간 조상으로 지목한다. 흔히 꼬리가 있으면 원숭이(猿), 없으면 유인원類人猿으로 구분한다. 인간과 더불어 긴팔원숭이, 오랑우탄, 고릴라, 침팬지, 보노보는 꼬리가 없어서 유인원이다. 원숭이 중에 바버리마카크 원숭이는 매우 짧은 꼬리가 있어서 원숭이고, 긴팔원숭이는 원숭이라고 부르지만 꼬리가 없어 유인원이다. 리처드 도킨스는 "우리는 모두 아프리카 유인원이다."라고 말했다.

영장류 전문가인 프란스 드왈은 ≪유인원에 속한 우리, our inner Ape≫라는 저서에서 침팬지와 보노보 그리고 인간을 비교했다. 침팬지와 보노보라는 원숭이는 외견상 비슷하지만 둘의 행동은 아주 딴판이다. 보노보는 모계 중심사회를 이루는 종류로 침팬지보다 더 평화적이다. 서로 간에 다툴 일이 생기면 싸우는 게 아니라 섹스로 해결을 한다는 것이다. 전쟁이 아니라 사랑을 선택하는 히피족들처럼. 암컷 보노보가 섹스에 집착하는 이유는 다른 보노보가 자기의 새끼를 해치지 못하게 하는 노림수라고 한다. 모든 수컷 보노보와 섹스를 하면 모두 내 새끼로 착각하기 때문이란다. 반면 침팬지는 힘을 우선시하는 부계 중심사회를 이루고 있다. 침팬지는 자신의 식구가 아니면 대단한 폭력성을 드러낸다. 수컷들은 매우 공격적이고 잔인하게 살생하는데 때론 동족을 잡아먹기도 한다. 침팬지의 행동양식은 마치 르완다와 보스니아의 집단학살을 연상케 한다.

인간은 섹스와 폭력성 둘 다를 가졌다. 인간은 700만 년 전에 침팬지와의 공통 조상에서 분기하였다. 피그미침팬지는 12번 유전자와 13번 유전자가 그대로 남아 있으나 인간은 진화하면서 12번과 13번이 융합하면서 일부 유전자가 유실되는 대사건이 일어났다. 그래서 침팬지의 염색체 수는 48개이고 사람은 46개다. 이들 유전자가 융합하면서 그 양 끝단의 유전자가 생각하는 뇌, 도구를 사용할 수 있는 뇌로 발달하였다는 것이다. 유전자 분석을 해보면 침팬지와 인간은 98.4% 동일하다. 단지 1.6%만의 차이가 인간의 뇌로 발달하여 현재 지구상의 지배자, 폭력자가 되었고 쾌락을 위해 성교를 하는 유일한 존재가 되었다.

재레드 다이아몬드는 ≪제3의 침팬지≫에서 인간의 섹스와 폭력성을 경고하고 나섰다. 언어 습득으로 인류가 진보해 왔으나 섹스와 폭력성과 환경파괴로 인해 인류가 몰락할 수 있다는 것이다. 또한 인구의 기하급수적인 증가, 약물남용 및 핵폭발 위험 등도 멸망 위기의 요소로 보고 있다.

인간 그대, 제3의 침팬지여!

6,000만 년 전에 절멸된 공룡 신세가 되지 않으려면 이제부터라도 폭력성을 순화시켜야 될 것이다. 원숭이나 침팬지처럼 숲으로 돌아갈 수는 없을지라도 자연의 일원으로 살면서 자연과 인간이 둘이 아니라는 철학으로 사는 자연조화문화를 만들어야 되겠다. 신의 대리인처럼 자연을 지배하려 들면 안 되겠다. 무엇보다 다 가지고 다 누리려는 욕심을 내려놓아야겠다. 지구별 여행자의 자유로운 삶을 위하여.

너구리

민족의 영산 태백산에 올랐다. 백두대간의 준령이고 개천절에 단군께 산신제를 지내는 천제단天祭壇이 있는 곳이다. 태백산에 오르다가 너구리 한 마리를 만났다. 흔치 않은 일이다. 대낮에 산짐승과의 만남, 긴장 속에 눈 맞춤을 하였다. 한참을 바라보다 사진도 찍었다. 손사래를 쳐봐도 도망가지 않았다. 긴장을 풀고 다시 정상을 향했다. 분명 너구리였다.

어느 곳은 멧돼지가 땅을 헤집어 놓았다. 고라니의 가녀린 발자국도 있었다. 토끼가 흘려놓고 간 환약 몇 알도 있었다. 그 자리에 미역줄나무가 줄기를 드리웠다. 태백산 장군봉 근처에는 붉은 수피를 뽐내는 주목군락이 장관을 이루었다.

구슬땀을 훔치는 순간 옛 기억이 되살아났다. 20대 때 한잔 술에도 취했었다. 두 볼이 온통 빨갰다. 어린조카는 그런 나를 보고 '너구리 삼촌'이라고 불렀다. 지금도 장성한 조카는 '너구리 삼촌 왔어.'한다. 너구리는 얼굴 중 두 눈가가 검은 것이 특징이다. 어린 조카는 삼촌이 술기운에 두 볼만 붉어지니 너구리를 떠올린 것 같았다. 지금도 한잔 술에 두 볼이 붉어지는 것은 여전하다.

얼마쯤 오르다가 뒤를 돌아보았다. 녀석이 계속 따라왔다. 반려동물도 아닌데 우리와 동행을 하다니, 무엇 때문일까? 내가 좋아서(?). 아닐 것이다. 배낭 속 김밥 냄새에 홀렸는지 꽁무니를 졸졸 따라왔다. 천제단에 올랐을 때는 어디서 나타났는지 한 쌍의 너구리가 되어 있었다. 애원하듯 우리 일행을 쳐다보았다. 뭔가를 달라는 듯 애잔한 눈빛이었다. 배낭을 내려놓고 점심을 먹으면서 김밥 하나를 던지자 곧바로 먹어치웠다. 천제단에는 연중 많은 사람들이 각자의 사연을 품고 올라와서 기도를 한다. 기도하는 도반들이 준 음식 맛에 녀석들이 길들여진 것 같았다.

다른 일행이 주는 김밥과 바나나도 잘 받아먹었다.

산꼭대기에서 너구리가 바나나를 먹다니, 뭔가 이상하다는 생각이 들었다. 너구리에겐 김밥에 단무지도 짝이 안 맞는 음식이다. 야생성을 잃어버린 것 같아 씁쓸했다. 문제는 고수레에 있는 것 같았다. 산인들은 제를 올리고 먼저 산신에게 고수레를 했다. 지금껏 내가 먼저 먹는 법은 없다. 산신에게 먼저 드린다는 의식, 나를 낮추는 좋은 풍습이 고수레다. 그러나 고수레는 너구리에겐 약이고 독이다. 주린 배를 채우는데 요긴한 음식이지만 야생성에는 문제가 된 게 분명했다. 너구리의 야생성을 위해 음식을 주지 말아야 할 텐데 걱정이었다. 분내를 맞고 건달들이 꼬이듯 김밥의 참기름 냄새를 맡고 정신없이 따라오는 너구리가 한심했다.

몇 년 전 환경부는 지리산국립공원지역에 반달가슴곰을 복원시켰다. 방사한 녀석 중 한 마리는 등산로 주변에서 어슬렁거리다가 등산객이 준 초콜릿을 즐겨 먹었다. 이에 맛들인 곰돌이는 치아가 썩어서 강제로 하산시켰던 일도 있었다. 인간이 만든 음식에는 당이 많이 함유되어 있다. 야생동물은 칫솔질을 못하니 단 것을 먹고 나면 이빨이 성할 수 없었다. 치아가 썩으면 야생하지 못하는 법, 너구리도 예외는 아닐 것이다.

'너구리 삼촌' 감히 한마디하겠다.

천제단에 오른 이들이여! 이제부터라도 너구리의 야성성과 자연성 회복을 위해 고수레를 생 열매로 하면 좋겠다. 양념을 하거나 삶지 않은 도토리나 옥수수 같은 열매 말이다.

너구리 너 이 녀석! 나를 따라오면서 눈칫밥 먹지 말고 너의 족적이나 배설물로써 산중 생활을 전해주면 얼마나 좋겠니? 여여如如하게 살고 있다고 흔적만 남기는 멧돼지나 고라니처럼.

팔색조

"팔색조다."

보자마자 외쳤다.

"고창 선운산도립공원에 팔색조가 나타났다."

도솔암을 오르는 길가에서 만났다. 꽃무릇이 흐드러지게 핀 9월 26일, 전라북도에서 내가 처음 발견한 것이다.

며칠 전 선운산문학마당 회원들에게 메일을 보냈다.

"… 선운산 골짜기에 석산이 만개하였습니다. 혹여 그리움 절절한 회원님 계시거든 한가위 전날, 오후 3시에 선운사 경내에서 뵙겠습니다. 가벼운 산행 동행하겠습니다.”

정작 만나고 싶은 반가운 얼굴들은 나오지 않았다. 무슨 사정이 있었을 것이다. 다행스럽게 경기대 K교수 부부와 중앙대 L교수를 만나 도솔암으로 향했다. 끝없이 펼쳐진 꽃무릇 길을 따라가다 팔색조를 보는 횡재를 했다.

팔색조는 멸종위기보호야생종이고 천연기념물로 지정된 보호종이다. 학명은 *Pitta brachyura nympha* Temminck & Schlegel이다. 팔색조는 동부 및 남부 아시아 지역, 한국과 일본에 번식하고 있는 작은 새다. 몸길이는 18㎝이며 일곱 빛깔 무지개색 깃털을 가지고 있어 매우 아름답다. 머리 정수리는 갈색이고 그 아래 양 옆으로 노란색과 검은색 띠가 곱다. 목댕기는 흰색, 등과 어깨 깃은 녹색, 허리 위 꼬리덮깃은 밝은 쪽빛, 배의 중앙과 아래 꼬리덮깃은 진홍색이다. 꼬리는 흑녹색이고 부리는 검은색, 다리는 황갈색이다. 보면 볼수록 아름다운 새다.

팔색조는 주로 제주도나 거제도, 완도 같은 남해안에서 발견되었는데 올여름 무등산국립공원에서도 발견된 적이 있었다. 내가 찾은 팔색조는 말이 없었다. ‘호오-잇, 호오-잇’ 울어주면 좋겠는데, 날지도 않고 껑충껑충 뛰기만 하였다. 사진을 찍어도, 길

가는 상추객賞秋客들이 웅성거려도 제 갈 길만 재촉했다. 우리처럼 꽃무릇 구경을 온 것인가, 착각할 정도로 날지 않고 꽃밭 사이를 오갔다. 유조도 아닌데 날지를 못한다. 어디가 아픈가? 맹수에 쫓겨 혼쭐이 난 것인가? 도솔암 오르는 길에 보았는데 내려오면서 또 만났다. 여전히 껑충거릴 뿐이었다. 날지 못하는 팔색조는 얼마나 답답할까마는 사진을 찍는 나는 기뻐서 마음이 달떴다. 한편 떠나야 하는 먼 길 앞에 두고 날지 못하는 녀석의 처지를 생각하니 안타까웠다.

오늘 만난 팔색조가 가[illegible]로 이동하는 중간 기착지로 선운산을 이용한 것인지 [illegible]사 동백 숲에서 번식한 개체인지는 내년 여름에 정밀 조사를 해봐야 알 것 같다. 부디 힘찬 날갯짓으로 동남아로 무사히 이동하기를 빌어본다.

회원들과 동행하지 못한 아쉬움은 있었으나 멸종위기종이고 천연기념물인 팔색조를 만난 것이 내겐 큰 기쁨이고 놀라운 횡재였다. 그것도 가까이에서 사진을 찍을 수 있게 포즈를 취해준 팔색조에게 감사한다. 인간사 새옹지마塞翁之馬라 하였던가. 일희일비一喜一悲다. 회원들과 함께하지 못해 일비요 도반道伴을 만나 산행하니 일희다. 팔색조를 만난 즐거움은 일희요, 팔색조가 날지 못함은 일비다. 희비는 여반장如反掌 같다. 희비는 함께 있다. 긍정마인드로 묵묵히 황소걸음을 걸어야겠다. 만나는 인연은 소중히 여기고, 풀과 나무, 산짐승이나 새도 친구로 여기고 살아야겠다.

오늘의 길동무는 팔색조 너였다.

기러기아빠

모임에서 한 시인이 말했다.

"딸의 결혼을 축하합니다."

"챙겨주시니 고맙습니다."

"유학한 딸이라서 더욱 서운하시지. 왜 기러기아빠인지 알 수 없더라."

"글쎄, 글쎄요."

모두 고개만 갸우뚱할 뿐 시원스런 답들은 내놓지 못했다.

"기러기아빠의 뜻이 무엇인지 찾으러 먼저 가겠습니다."

강의가 있어 에둘러 말하고 자리를 떴다. 고슴도치도 제 새끼를 사랑한다는데 왜 하필 기러기아빠라고 하였을까. 고슴도치 아빠, 독수리 아빠, 원앙 아빠도 있을 터인데.

1990년대에 조기유학 열풍이 불어서 아이들이 더 좋은 교육을 받고 더 나은 삶을 기대하면서 조기유학을 보내는 가정이 많아졌다. 아내와 아이들을 외국으로 보내고 가장인 아버지만 홀로 한국에 남아 뒷바라지를 하는 아버지를 일컬어 기러기아빠라고 부른다. 기러기아빠는 2002년에 새로운 단어가 되었다. 홀로 남은 아빠는 외로움과 경제적인 부담감으로 힘들어 하는 경우가 많지만 기러기아빠의 수는 꾸준히 증가했다.

기러기는 오리과에 딸린 겨울 철새이고 오리보다 약간 크다. 수컷이 암컷보다 크고 색깔은 회색빛으로 암수가 같다. 날거나 위험에 처하면 암수 모두 큰 소리로 울고, 화가 나면 목의 깃털을 떤다. 기러기의 수명은 30년 가량이고, 쇠기러기, 흰기러기, 큰기러기 등이 우리나라 천수만이나 주남저수지 등에 10월에 와서 이듬해 3월에 시베리아로 떠나는 겨울철 진객이다.

경주에는 기러기[雁]나 오리[鴨]가 함께 노니는 연못을 조선시대 시인묵객들은 이곳은 안압지雁鴨池라고 불렀고, 〈삼국사기〉

에는 기러기는 하늘과 지상을 왕래하는 하늘의 사자로 기록하고 있다. 김종희는 하늘을 나는 기러기 무리를 보고 아비 기러기가 없는 걸 보았는지, ≪동물기≫를 읽었는지는 알 수 없지만 〈기러기 아빠〉를 작사했다. 이미자가 부른 노랫말은 이렇다. "산에는 진달래 들엔 개나리/ 산새도 슬피 우는 노을진 산골에/ 엄마구름 애기구름 정답게 가는데/ 아빠는 어디 갔나 어디서 살고 있나/ 아~~~~ 아~~~~/ 우리는 외로운 형제 길 잃은 기러기"

≪규합총서≫에는 기러기의 네 가지 덕목이 적혀 있다. 매년 겨울에 찾아오고 봄이 되면 돌아가니 신信이요, V자로 무리지어 하늘을 날 때 차례가 있고 앞에서 울면 뒤에서 화답하니 예禮다, 짝을 잃으면 다시 짝을 얻지 않으니 절節이다, 밤이 되면 무리를 지어 자되 하나가 순경巡更하고 낮이 되면 갈대숲에 머물러 주살을 피하니 지智다. 이러니 예부터 고마운 마음을 담아 보내는 물건이나 결혼식 때 예폐禮幣로 사용하고 있다.

톰 워삼의 〈기러기 이야기〉다. 기러기는 하늘을 날 때는 V자 편대를 이루어 하늘을 난다. 리더의 날갯짓은 기류의 양력을 만들어서 뒤에 따르는 기러기들이 71%나 쉽게 날 수 있게 한다.

또한 리더의 날갯짓에 힘을 실어주기 위해 뒤따르는 기러기들은 날면서 '기럭기럭'하는 기합소리를 내면서 40,000㎞나 날아간다.

≪시튼 동물기≫에 〈윈디고울의 기러기〉가 있다. 수기러기가 울어서 멀리 퍼져가는 그 감동적인 소리는 '시베리아에 겨울의 기근이 끝났다.'는 것을 알리는 신호로 여겼다. 시튼은 하늘의 기러기 떼로부터 울려 퍼지는 '기럭기럭' 나팔소리는 전설 같은 기러기 행적을 연상하고 저절로 눈물을 글썽거리며 목이 메여 말이 나오지 않는 사람이었다. 이런 기러기를 곁에 두고 싶어서 한 쌍의 기러기를 잡아와서 날개 끝의 바람막이 날개를 끊어 버렸다. 날 수 없는 기러기 부부는 육안으로 보이는 호수의 작은 섬에 둥지를 틀고 서너 개의 알을 낳아 4주간 알을 품어 부화시켰다. 이때 수컷은 알은 품지 않았지만 암컷이 알을 품는 동안 둥지 주변을 계속 헤엄치면서 파수꾼 역할을 하였다.

새끼 기러기들은 자라서 하늘로 날아올랐지만 어미 기러기가 목 놓아 부르니 남녘으로 날아가지 않고 호수로 돌아왔다. 그런데 어느 날 어미가 기력을 찾아 날 수 있게 되었을 때 어미 기러기는 새끼들과 함께 하늘로 날아올랐다가 방향을 선회하여 호수로 돌아오곤 했다. 이런 행동을 몇 번 하다가 겨울이 될 무렵 아비 기러기만 남기고 어미 기러기는 새끼들과 함께 멀리 날아가고 말았다. 여전히 날 수 없는 기러기아빠는 겨울 동안 외롭게 빈 둥지만 지켰다. 봄이 되니 시튼은 많은 기러기 때들이 하늘을 날아 지나가는 것을 보았다. 그런데 어찌된 일인가. 한 무리의 기러기 떼가 호수를 찾아 와서 아비기러기 주위를 에워싸며 반겼다. 분명 작년에 떠났던 기러기들이 돌아온 것이다. 기러기는 한번 짝을 맺으면 한평생을 함께 산다는 절節을 보여 주었다. 매년 이런 아름다운 광경을 보면서 시튼은 말했다.

"저들을 인도해주고 있는 것은 지혜智慧이지 힘은 아니다."

맞다. 이 지혜는 멀리 떨어져 있어도 함께 있고 하나라는 마음결이다. 기러기아빠라는 단어는 〈윈디고울의 기러기〉에서 유래되었다고 말하고 싶다. 아비기러기와 기러기아빠는 처지가 같다고 본다. 바람막이 날개가 잘려 새끼들과 함께 날 수 없는 아비 기러기처럼 한국에서 외롭고 힘들어도 사랑과 믿음이 있는 가족을 위해 열심히 희망가를 부르고 있는 아버지가 기러기아빠다.

기러기아빠도 힘이 아니라 지혜로 살아갈 것이다. 몸살 나는 지혜일지도 모른다. 밤마다 가족 생각으로 '이 밤이 이다지 팽팽할 수 있느냐.'는 시구를 되뇔지도 모른다.

기러기아빠라는 단어의 어원을 찾기 위해 이 밤을 팽팽히 당기며.

가을 곳간

가을이 깃들고 있다. 바람과 빛이 서걱거린다. 나무는 풍성한 열매를 자연에게 돌려주고 마지막 잎새는 휘파람을 불며 우아하게 낙하한다. 가을이 울긋불긋 펄럭이고 있으니 마음 갈피는 무지갯빛이다. 이런 가을을 켜 놓고 방안에만 있을 수 없어 문밖으로 나선다. 강변은 흰 물결 억새밭이요, 산기슭엔 불타는 3홍이다. 산홍, 수홍, 인홍이다.

여름날 햇빛을 버무려서 만든 풍성한 열매를 가을 곳간에 채운다. 소임을 다한 잎들은 초록 물을 빼고 단풍으로 물든다. 단풍은 녹색인 엽록소가 파괴되고 그 곁에 숨어있던 색소들이 발광하는 것이다. 안토시아닌은 붉은색으로, 크산토필은 노란색으로, 타닌은 갈색으로 그리고 카로티노이드는 주황색 계열로 형형색색 물이 든다. 단풍 든다. 가을은 색의 마술사다.

가을이 산등성이를 타고 내려와 강변에서 억새 춤을 춘다. 덩달아 황룡강도 금물결 은물결의 윤슬로 반짝인다. 바람은 단풍에만 끌리는 사람들의 시선을 시샘하여 변덕을 부린다. 가지에 매달린 잎들이 추풍낙엽 되어 흩날린다. 우수수 떨어진 잎들이 오색 모자이크처럼 거리를 수놓는다. 광장은 삐에로 옷을 입은 것처럼 알록달록하다.

마음자리에 갈바람 이는 날, 차창 밖이 소란하다. 낙엽들이 바람결을 따라 춤을 춘다. 가로수길 잎들이다. 중앙 분리벽을 뛰어넘으려는 듯 깨금발로 뛰다가, 뒹굴다가 다시 일어나 콩닥거리며 종종걸음친다. 한 줄기 햇살 위에 걸터앉은 낙엽들이 실바람에 너울대다가 서로 앞 다퉈 널뛰기를 한다.

가을의 찬가가 저렇게 아름답구나!

나의 눈길은 합창하는 낙엽을 좇아서 가을 연가에 그리운 불을 지핀다. 순간 내 마음은 온통 임 생각으로 가득 차, 바람과 낙엽의 춤사위를 따라 덩달아 뜀박질을 해댄다.

잎을 떨군 앙상한 나뭇가지는 쓸쓸하나 힘이 있다. 하늘로 뻗은 가지마다 겨울눈이 빼곡하다. 서리가 내린 맹동孟冬에도 고스러지지 않고 탱글탱글할 것이다. 겨울눈은 겨울나기를 할 수 있다는 증표요, 살아있음을 알리는 역설이다. 나무는 우리에게 녹음과 풍성한 열매를 아낌없이 내어주고 스스로는 나목이 되어 혹독한 겨울나기를 한다.

인간사 타인에게는 봄바람같이 따뜻하게 대하고 자신에게는 가을 찬 서리와 같이 엄하게 대해야 한다고 하지 않았던가. 나무도 대인춘풍對人春風이요 대기추상對己秋霜이다. 봄여름에 볼거리나 먹을거리뿐만 아니라 산소까지 만들어 아낌없이 주고 늦가을엔 모든 것을 내려놓고 자신은 겨울나기를 준비하고 있다.

무리지어 춤추는 낙엽을 따라 깃드는 가을 곳간을 바라보면서 환희와 희열로 달뜨는 마음의 옷깃을 여미어 본다.

4부

아비의 기도

일 년에 한 번쯤 귀국한 딸에게 아무렇지 않게 내 주장만 했던 것이 떠올랐다. 아내가 독일에 다녀와서 딸 이야기를 할 때에도 더 강하게 밀어붙였던 말들이 회한으로 스쳤다. 오로지 목표 중심으로 매진해 주기를 바랐던 보통 아비의 인간적 욕망일 터였다. 석사과정까지 졸업한 딸이 장하고 대견하다 싶으면서도 이 쪽방에서 김치 한 가닥 없이 질긴 빵조각으로 긴 세월을 보냈을 것을 생각하니 애잔한 마음이 앞서 잠이 오지 않았다. 혜민이의 외롭고 춥고 배고픈 유학생활이 자꾸 눈에 밟혔다.

보통의 아비

지난겨울 큰애와 직장문제로 이야기를 나눈 적이 있었다.

"딸아, 광주에 내려와서 아빠랑 함께 사는 게 어때? 좋은 자리가 있으니 원서를 한 번 내보면 좋겠는데."

"싫어요."

일언지하에 손사래를 쳤다. KO 패를 당했다. 외국생활 몇 년에 서울 생활을 하더니 많이 변했다. 아빠를 잘 따르던 녀석인데 이제 본인에게 맡겨두란다. 내 인생에 태클을 걸지 말란다. 참

서운했다.

며칠이 지났다. 그래도 미련이 남아서 딸에게 전화로 주말여행을 가자고 청했다.

"주말에 음악회가 있어 못 가겠어요."

눈치 백단인 아내가 말을 가로챘다.

"나하고 갑시다."

"허허, 그럴까. 사랑하는 딸도 안 오는데 오두막에나 가서 쉬었다 오세."

아내는 먹을 것을 챙겨서 말없이 따라 나섰다. 움막은 눈 속에 파묻혀 있었다. 쉬고 싶을 때 가서 쉬는 컨테이너 움막이었다. 앞장서서 길을 내고 창문 앞 눈을 털어내고 안으로 들어갔다. 안이나 밖이나 한기가 도는 건 매한가지였다. 비어 있던 움막은 찬 기운이 뼛속까지 파고들었다.

난로에 서둘러 불을 지피고 가스버너로 물을 끓였다. 수증기로 찬기를 몰아내기 위해서였다. 끓는 물을 수통에 넣어 침낭 속에 넣고 커피를 한 잔씩 마셨다. 찬기는 사라지고 온몸의 세포들이 꿈틀댔다. 살 것 같았다. 아내와 나란히 누워 밤늦도록 딸의 미래에 대해 넋두리 같은 이야기꽃을 피웠다.

다음 날 아침, 아내는 속에 없는 빈말을 던졌다.

"푹 잘 잤네. 잠 안 오는 날에는 여기에 와야겠어요."

딴청인 줄 알면서도 고맙다. 여행 가자더니 움막에 데리고 와서 웬 생고생을 시키느냐고 다그쳐도 말 못할 판인데. 속 깊은 아내가 딸 때문에 쓸쓸한 내 마음을 헤아린 것일 테다. 나는 아침준비를 했다. 라면을 끓이고 밭에서 '봄동' 한 포기를 캐다가 반찬을 만들었다. 악식惡食이지만 맛있는 힐링 밥상이었다. 그후 바닷가를 산책하였다. 움막의 하루는 느리게 흘렀다.

≪장자≫의 '지락至樂'편 이야기다. 노나라 임금이 '바닷새에게 술과 음악과 소를 잡아 향연을 열었다. 새는 아무것도 먹지 않고 사흘 만에 죽었다.' 새는 바닷가 숲이나 바위 위에서 노닐다가 물고기를 잡아먹고 살아야 한다. 본성대로 살아야 행복하다는 이야기다.

움막에서의 하루는 불편했지만 마음의 평안이 있어 좋았다. 작은 온기에도 감사하고 라면 하나에도 식도락을 느끼는 즐거움이 있었다. 꾸밈없는 자유를 누렸다. 자연인 그 자체였다. 안분安分과 지족知足을 알게 한 시간이었다. 장자가 말한 대로 움막의 하루에는 본성을 좇는 느림의 철학이 깃들어 있었다. 본성을 좇는 일은 가슴을 열게 하고 기분을 향상시키며 마음을 살리는 행위다. 이번 주말여행은 심기가 불편하여 왔으나 마음을 여는 소박한 소득을 얻었다. 눈치 빠른 아내의 덕이다. 아니, 단칼에 아빠의 청을 거절한 딸 덕이라고 해야 할까.

그래, 나는 딸에게 임금처럼 바닷새의 안락한 삶을 누리게 해주고 싶었는지 모른다. 내가 보통의 아비로서 그저 좋은 직장에 다니면서 편안한 삶을 누리길 바랐다면 딸은 본인이 좋아하는 일을 추구하며 만족하는 삶을 찾고 있는지 모른다. 구세대와 신세대, 국내파와 외국파는 서로 본성이나 추구하는 바가 다른 것인가? 세상의 변화무쌍한 흐름 속에서 부모와 자식의 가치관이 똑같을 수는 없을 테다.

사랑하는 딸아! 본성을 떠나 아비는 너를 무척 아끼고 사랑한단다. 그리고 너의 본성을 응원하고 존중한단다. 딸아, 이제 너는 자유다. 네가 하고 싶은 일, 혼신 다해 즐겁게 하길 바란다.

봄비와 어머님

동백나무 숲 속이 요란하다. 낙숫물이 제법이다. 봄비에 동백꽃은 선혈로 번지고 잎들은 진초록으로 빛난다. 새들이 합창을 한다. 새들의 사랑가에 붉은 동백도 흥에 겨운지 '툭~ 후드득 톡 톡' 소리 내어 낙하한다. 동백꽃망울을 타고 흐르는 빗방울이 마치 어머니 젖줄 같다.

불현듯 어머니가 그립다.

사랑을 모르는 바보는 없다. 사랑을 외면하는 생물은 없다. 미물이든 영물이든 만물의 영장이든. 사랑을 위해 살고, 사랑에 울고, 사랑 때문에 목숨을 건다. 그렇다. 생명까지 내놓는 게 사랑이다. 사마귀라고 부르는 당랑螳螂을 보면 안다. 사마귀는 부리부리한 눈으로 세상 무서운 줄 모르고 살지만 자신을 희생하는 사랑을 한다. 암컷보다 작은 체구의 수컷은 사랑을 완결하는 순간 죽음이다. 환희의 순간이 지나자마자 다음 세대를 위해, 내리사랑을 위해 자양분으로 자신의 목숨을 내놓는다. 참으로 처절한 순간이다. 차마 눈뜨고 보기 힘든 광경이다. 정말 숭고한 주검이다.

인간은 어떠한가? 사랑으로 잉태하여 태어나는 순간 울음보를 터트린다. 첫마디가 '응애~응애~'다. 엄마 뱃속, 고향이 그립다는 절규요, 여기에 있다는 신호이며, 살아있다는 존재의 메시지다. 엄마는 금방 해맑은 미소로 답한다. 이내 자신의 심장 소리를 아이에게 들려준다. 엄마와 아이는 심장박동 소리로 교감한다. 순간 둘은 하나가 된다. 이것이 참사랑이다. 사랑이 아니고서 내어줄 가슴은 없다. 어머니는 자식을 가슴으로 키우고 평생 끔찍하게 돌보고 자신을 희생하면서 가슴 졸이며 산다.

어머니의 사랑은 죽을 때까지 현재진행형이었다. 자식들아! 너희를 사랑한다. 그뿐이다. 어느 시인이 "사랑은 지금이다. 사랑은 하였다도 하리다도 아니다. 언제나 사랑한다."라고 한 것처럼. 자식을 위해서는 과거형이거나 미래형도 아닌 현재 진행형인 사랑뿐이었다. 아무리 퍼내도 마르지 않는 옹달샘처럼 어머니는 사랑의 원천이었다.

어머니는 나에게 전부를 주고도 더 주지 못해 안타까워하고 돌아서서 애를 태우시던 분이었다. 대학원에 다닐 때 어머니가 말씀하셨다.

"방학도 없는 학교 그만두어라."

방학 때만이라도 볼 수 있었던 막내를 보지 못해서 에둘러 하신 말씀이었다. 눈에 넣어도 안 아픈 자식을, 보고 싶을 때 보지 못해서 병나신 분이었다. 내 어머니는 자식바보였다.

세월은 흘러 내가 아버지가 되었다. 장성한 자식에게 더욱 잘 되라고 풀무질을 하면.

"자식에게 부드럽게 말하세요."

곁에서 채근하는 아내가 야속하면서도 고맙다. 아내에게서 어머니의 모습을 본다.

오늘같이 동백꽃 숲에 봄비가 함초롬히 내리는 날, 동백꽃에 매달린 빗방울 속에 어머니의 모습이 맺힌다. 방울방울 빗방울이 펴지는 그 허공에 어머니의 인자한 모습이 보인다. 날 보고 웃고 계신다.

오늘은 빗방울로 오셔서 내 어깨를 토닥여 주신다.

아비의 기도

2011년 9월, 딸아이의 학위수여를 축하하기 위해 아내와 함께 하이델베르크에 갔다. 딸은 7년 전 고등학교를 졸업하고 그해 3월에 독일로 유학을 갔다. 나는 음악치료 공부를 하겠다고 우기는 딸을 이기지 못했다. 썩 내키진 않았지만 국내에는 해당학과가 없어 독일로 유학을 보냈다. 아내의 숨은 노력으로 딸, 혜민이는 레겐스부르크에서 어학연수를 마치고 이듬해 하이델베르크 대학에 입학하게 되었다.

학위수여식은 음악치료학과와 컴퓨터공학과 두 개 과만 거행

되었다. 학사학위를 받는 학생들이 앞서고, 가운을 입고 사각모를 쓴 석사학위 수여자들이 뒤이어 입장했다. 식장은 단순했으나 모든 학생들에게 하나씩 학위증을 주었다. 학장, 학과장 및 교수들이 단상에 서서 졸업생들과 일일이 악수를 나누며 축하해 주었다. 식이 거행되는 중간 중간에 음악치료학과 교수 두 분이 오르간과 드럼 연주를 선보였다. 졸업식이 끝난 후 모두 밖으로 나가 하늘을 수놓는 축하 폭죽을 터뜨리며 가든파티를 열었다. 독일, 아프리카, 사이프러스, 유럽 및 동양 친구들과 그 식구들이 담소를 나누고 축하하는 자리도 마련되었다. 약 3시간 동안 졸업생을 위해 진지하게 진행되는 졸업식은 한국과는 사뭇 대조되었다.

졸업식 다음 날 딸과 이야기를 나누었다.

"혜민아! 졸업을 진심으로 축하해. 엄마가 직장생활을 하는 바람에 집에서 가까운 내가 너를 차지하는 기쁨을 누렸단다. 초등학교 시절 너의 등교를 위해 아침마다 댕기머리에 고무줄을 묶어 주었지. 매주 수요일은 직장 동료들을 멀리한 채 너랑 늘 점심 약속을 했어. 동해반점, 신포우리만두, 튀김집 및 백반 집 등을 번갈아 찾아다녔지. 네가 저학년 때였어. 넌 민방공훈련 사이

렌 소리가 날 때마다 놀라 울곤 했지. 울면서 내게 전화로 무섭다고 외쳐댈 때면 너에게 달려가서 눈물 콧물 닦아주며 마음을 안정시키던 날이 엊그제 같구나."

지난 이야기를 하는 동안 아내는 흐뭇한 얼굴로 나와 딸을 번갈아 바라보았다.

"정말 내가 예뻐하는 딸, 무척이나 아빠를 따르던 딸아. 넌 스무 살을 훌쩍 넘기고도 스스럼없이 내 무릎 위에 덥석 앉았었지. 이것을 본 외할아버지는 난감한 표정을 지으며 '허~허~ 참.' 하셨어. 우린 정말 다정다감한 아빠와 딸이었다. 그런데 문득, 유학시절 혼자 팍팍한 시간을 견디고 있는 너에게 그저 열심히 공부해야 한다고, 바르고 강한 생활을 해야 한다고 채찍질만 했던 내가 너무 모질었다는 생각이 들었다."

딸은 아빠의 마음을 알았다는 듯 고개를 끄덕였다. 아빠가 저를 인정해 주고 있다는 사실에 흐뭇해하는 표정이었다. 나는 다시 이전의 아빠와 딸의 돈독한 관계를 확인하고, 서로의 믿음을 다지는 자리가 되었다고 생각했다.

이야기를 마치고 졸업여행을 가는 기분으로 세 식구는 검은 숲(Schwarzwald), 프라이부룩 그리고 스위스 바덴을 향해 차를 몰았다. 검은 숲에서 다람쥐 먹이를 사들고 산책을 했다. 모퉁이를 돌아서니 검은 숲 계곡에는 3단으로 흐르는 폭포수가 장관을 이루었다. 검은 숲은 독일 남서부의 바덴뷔르템베르크 주의 산악 지역에 위치하고 있으며, 숲이 울창하여 검은 숲으로 부른다. 또는 과거에 산적이 많아서 암울하다는 의미로 검은 숲이라고 불렀다는 설도 있다. 가장 높은 봉우리는 펠트베르크(1,493m)이고 독일가문비나무가 빼곡히 들어선 숲이며 뻐꾸기시계의 본고장인 지역이다.

나는 산책하다가 가장 큰 독일가문비나무 앞에 서서 딸을 불렀다.

"혜민아! 이리 와 봐."

딸이 다가왔다. 아내도 옆에 섰다.

"혜민아! 네가 이역만리 독일에 유학을 와서 원하는 공부를 마쳤으니 얼마나 대견한지 모르겠다. 수고했다. 결실을 맺었으니 얼마나 좋으냐. 이 검은 숲의 주인공 독일가문비나무는 가장 키가 큰 웅장한 나무로 300년 이상된 나무다. 너도 이 나무처럼 세상에 우뚝 서는 인물이 되었으면 좋겠다. 이것이 바로 아비의 기도다."

딸은 소이부답笑而不答, 말없이 미소로 답을 대신했다. 난 딸을 믿었다. 이제 무얼 해야 하고, 어떻게 살아야 하는지도 알 것이라 믿었다. 시간이 걸려도 괜찮다. 엄마 아빠의 사랑과 믿음이 끈끈한 가족의 근간이 되듯 딸도 세상을 믿음으로 바라보고 자기가 좋아하는 일에 매진하면 좋겠다고 생각했다.

딸은 돌아오는 차안에서 독일 유학생들과 레스토랑에서 파티를 하는 것보다 네카 강변에서 그릴파티를 하면 어떻겠느냐고 제안했다. 아내와 나는 그게 좋겠다고 답했다. 친구들과 언니들에게 연락하여 약속을 변경했다. 우리는 귀국 전날 밤 딸이 초대하는 그릴파티를 위해 하이델베르크 고성이 보이는 네카 강 강변에서 멋지고 아름다운 파티를 열어 주었다.

이제 이 밤이 지나고 나면 나와 아내는 귀국을 해야 했다. 딸의 자취집은 매우 비좁았다. 현관문을 열면 바로 싱크대가 놓여 있는 주방이었고 욕실과 방은 더 비좁았다. 방에는 일인용 침대와 몇 가지 세간이 놓여 있었다. 혜민이는 침대에서 자고 나와 아내는 간이침대를 방바닥에 깔고 잠을 청했다. 빈 공간이 없었다. 누워 있는데 가슴이 아려 왔다. 잠이 오지 않았다. 칠 년 전 유학을 떠나던 날도 이렇게 잠을 못 이루지는 않았었다. 눈을 감았지만 어느새 뜬눈을 하고 있었다. 원하는 잠은 오지 않고 몸만 자꾸 뒤척거렸다.

일 년에 한번쯤 귀국한 딸에게 아무렇지 않게 내 주장만 했던 것이 떠올랐다. 아내가 독일에 다녀와서 딸 이야기를 할 때에도 더 강하게 밀어붙였던 말들이 회한으로 스쳤다. 오로지 목표 중심으로 매진해 주기를 바랐던 보통 아비의 인간적 욕망일 터였다. 석사과정까지 졸업한 딸이 장하고 대견하다 싶으면서도 이 쪽방에서 김치 한 가닥 없이 질긴 빵조각으로 긴 세월을 보냈을 것을 생각하니 애잔한 마음이 앞서 잠이 오지 않았다. 혜민이의 외롭고 춥고 배고픈 유학생활이 자꾸 눈에 밟혔다.

아무리 강한 척 모진 말을 해도 아비는 딸을 이기지 못하는 법이었다. 딸이 혼자 극복해 온 시간들, 그리고 헤쳐 나갈 세상을 생각하며 한없는 애틋함으로 잠 못 이루던 그 밤 아비의 마음을 딸은 알까.

혜민아! 너의 등 뒤엔 언제나 어릴 적부터 너를 사랑으로 품어 온 아비의 기도가 있단다. 모든 꿈은 자기가 일궈온 노력과 고통의 터전 위에서 피는 것. 이제 하늘 높이 자라는 검은 숲의 독일 가문비나무처럼 너의 꿈을 펼쳐보렴.

아버님의 가르침

일곱 살 때였다. 초등학교에 가고 싶었다. 형을 따라 학교에 가서 입학통지서를 받아왔다. 아버님은 통지서를 보더니 "너는 아직 어리니 내년에 가거라." 하시며 액자 뒤에 올려놓았다. 울면서 생떼를 부려도 입학통지서를 내어주지 않으셨다.

그 무렵 아버님은 서울에 다녀오면서 자줏빛 코르덴바지와 상의를 사오셨다. 상의 왼쪽 가슴에 예쁜 토끼가 장식되어 있었다. 속으로는 좋으면서 색이 너무 곱다고 괜한 투정을 부렸던 기억이 새롭다.

고등학교 1학년 겨울 방학 때였다. 시골집에 다니러 갔었는데 '남자는 한자공부도 해야 된다' 하시면서 나를 위해 우리 집 사랑방에 서당을 안쳤다. 당시 예비고사를 치르려면 영어나 수학 과목이 더 중요하다고 생각했다. 친구들은 모두 영어나 수학학원에 다니는데 나만 가지 못해 친구들보다 뒤처지는 느낌이었다. 방학 내내 천자문을 외웠다. 새 학기에 다소 긴장이 되었는데 웬일인가. 국어나 고전시간이 매우 즐거웠고 사회나 다른 과목도 이해가 더 쉬웠다. 오래지 않아 서당공부가 나의 일상생활에 큰 도움이 되고 있다는 걸 알았다. 고사성어를 구사하는 품격있는 언어 구사나 학교 교양세미나에서 ≪명심보감≫을 강의할 때도 더없는 보탬이 되었다. 이것이 아버님의 선견지명이 아니고 무엇이겠는가?

대학원에 가겠다고 하자 아버님은 취직을 주문하셨다. 매월 하숙비를 가지러 갔을 때 한 차례씩 아버님과 입씨름을 했다. 연말에 녹십자 입사 통지서를 받아 들고 아버님께 다시 나의 간절한 바람을 말씀드렸다. 그때 긴 숨을 몰아쉬면서 말씀하셨다.

"좀 편하게 살려 했는데 너 때문에 2년을 더 고생해야겠구나."

아버님 말씀을 듣는 순간 눈물이 핑 돌아서 즉답을 피했다. 속으로 2년만 도와주시면 무슨 일이든 하겠다고 굳게 다짐했다. 지나고 보니 67세의 아버님 생각은 전혀 하지 않고 내 욕심만 챙겼다는 생각이 들었다. 그때의 다짐이 헛되지 않고 대학 강단에 서 있으니 다행스럽게 여긴다.

한번은 승용차를 사겠다고 말씀 드렸더니 "정말 네가 바빠서 차를 사는 거냐? 바쁜 척 폼을 잡으려고 사는 거냐?" 하고 물으셨다. 그 질문은 나로 하여금 깊은 생각에 잠기도록 만들었다. 마치 어떻게 살아야 하는가? 라고 던지는 인생의 화두 같았다. 그날 이후 공연히 바쁜 척하면서 살지 않으려고 노력하였고 더 넓고 깊은 연구와 교육에 매진하였다.

1996년 1월, 아버님과 형수님, 막내조카와 함께 강원도 화천 산골짝으로 군대 간 조카, 종훈이 면회를 갔었다. 첫날 면회를 하고 외박을 나온 조카와 함께 가져간 음식으로 저녁식사를 하면서 군인인 조카의 건강 상태를 살폈다.

이튿날 인근에 있는 평화의 댐을 구경하기로 했다. 1월 달이었으므로 산간에는 흰 눈이 쌓여 있었고, 응달진 도로에는 눈이 녹지 않아서 빙판길이었다. 한참을 가다가 평화의 댐으로 접어

드는 삼거리에 다다랐을 때 헌병초소가 있었다. 군인인 조카는 위수지역 밖이라 갈 수 없다고 차에서 내리게 했다. 어쩔 수 없이 조카는 인근 음식점에서 기다리게 해놓고, 면회 간 식구들만 평화의 댐으로 향했다. 5분쯤 가다 보니 응달진 곳에 빙판길이 더욱 가파르게 이어졌다. 4륜구동 차량인 갤로퍼였지만 가파른 언덕과 90도가 넘는 굽잇길 빙판은 여간 조심스럽지 않았다. 아버님은 차를 돌려서 내려가자고 역정을 내셨다. 다소 양지바른 곳에서 차를 돌리고 마음을 가라앉힐 겸 차에서 내려 북과 남으로 겹겹이 이어진 산들을 바라보았다. 그때 아버님은 한복의 허리끈을 풀더니 불쑥 내미셨다. "눈길에 새끼로 신발을 묶으면 눈길 걷기가 한결 가볍다. 이 허리끈으로 바퀴를 묶어봐라."라고 주문하셨다. 웃음이 나왔지만 아버님의 말씀이 너무 진지해서 웃을 수가 없었다. 아버님도 차바퀴를 허리끈으로 묶은들 눈길의 미끄럼 방지에 큰 도움이 되지 않는다는 걸 아셨을 것이다. 그러나 자식 손자를 위하는 깊은 마음과 나더러 더욱 조심해서 운전하라는 무언의 메시지를 보내신 것이다. 요즘도 허리끈을 보면 부모님의 자상한 은유적 사랑이 마음 한구석에 큰 믿음으로 자리 잡고 있음을 느낀다.

어느 날은 집에 갔더니 아버님께서 혀를 차셨다. 어떤 저명한 한글학자가 퇴임 후 시골을 순회하면서 노인들을 상대로 약을 파는 약장사를 도와 홍보를 한 모양이었다. 소위 학자라는 분이 돈푼을 만지기 위해 약장사 일을 돕는다고 측은해하셨다. 물론 그래야만 되는 딱한 사정이 있겠지만 그래서는 안 된다는 것이다. 자고로 선비란 배가 고파도 이를 쑤시면서 '아 배부르다.'고 너스레를 떠는 여유를 보일 수 있어야 된다는 것이었다. 이 말씀은 대학 강단에서 학생들을 가르치는 내게 신언서판身言書判 하나하나를 신중하게 여기라는 깊은 주문이었다고 믿는다.

2000년에 84세인 부친은 평생을 농사일과 유림으로 생활하시면서 2년 전 자신의 문집인 ≪일남문집≫을 내셨다. 나는 서당을 다녔지만 그것을 제대로 해석할 수 없었고 빵덕어미 이빨 빠진 것처럼 대충 의미만 파악할 수 있을 뿐이었다. 대학을 나오지 않은 부친의 저서에 담긴 언행과 숭고한 뜻은 최고 학부를 나온 나를 더욱 왜소하게 만들었다. 앞으로 내가 어떻게 살아야 하는가를 일깨워주는 강력한 메시지가 되었다.

이처럼 아버님은 자식에게 남다른 은유적 사랑 표현을 하셨고, 정직한 삶과 선비로서 세상을 사는 지혜를 말씀하셨다. 이런 아버님의 큰 사랑의 가르침을 생각할 때마다 나는 진지하게 과연 어떻게 사는 것이 옳은가를 돌아보곤 했다.

아버님! 아버님의 가르침대로 올곧게 평정심을 잃지 않고 정의롭게 살겠습니다.

*2000년 1월 초에 쓴 아버님에 대한 소회의 글이다.

내 고향

어머니는 내 고향이다. 나를 만든 이가 어머니요, 이 땅에 보내신 이가 어머니다. 아무리 불러도 정감 가는 단어, 어머니! 가신 지 20여 년이 되었지만 지금도 생각하면 절로 입가에 미소가 번진다. 어머니 택호宅號는 대월댁이었고, 43세에 나를 낳으셨다. 막내로 태어났다. 토끼와 입맞춤하는 방장산 아래 고창군 신림면 가평리 노동 431번지가 나의 태胎 자리다.

옛말에 '나무는 가만히 서 있고자 하지만 바람은 그치지 않고,

자식은 부모님을 잘 모시고자 하는데 어버이는 기다리시지 않는다.' 고 했다. 그렇다. 막둥이가 장성해서 효도를 하려고 하였더니 세월은 어머니를 저 세상으로 모셔갔다. 참으로 애달픈 일이다. 원통한 일이다.

생각해 보면 나는 어머니의 막둥이로 사랑을 듬뿍 받고 자랐다. 가평초등학교 시절 운동회날이면 어머니는 누나와 함께 찾아 오셨다. 저학년 때는 보물찾기보다 어머니를 더 먼저 찾아서 비호처럼 품에 안겼었다. 고학년 때는 부끄러움이 앞서 어머니 품에 못 안긴 것이 못내 후회스럽다. 어머니를 보는 순간 좋아서 어쩔 줄 모르고 가슴이 방망이질을 해댔지만 곧장 달려가지는 못했다. 친구들의 어머니는 파마머리에 양장을 한 새댁으로 왔는데 어머니는 할머니처럼 고운 한복에 쪽찐 머리를 하고 오셨기 때문이었다.

철이 들면서 나는 어머니의 손을 꼭 붙잡고 고향 마을이나 도회지 거리를 함께 걸었다. 지금도 어머니의 그 따스한 손길을 잊을 수가 없다. 결혼을 한 후에도 고향 마을을 찾을 때면 막내의 손을 꼭 잡아주시던 어머니! 동구 밖까지 나오셔서 따스한 온기를 전해 주고 내가 시야에서 사라질 때까지 손을 흔들어 주시던 어머니. 정말 그립다. 그 따스한 온기를 느끼고 싶다. 꿈에서라도 한번 보고 싶다.

어린 시절 방과 후 산과 들을 헤집고 쏘다니며 말썽을 부려도 탓하지 않고 말없이 바라봐주신 인자한 어머님의 모습이 스쳐지나간다. 이 순간 어머님이 출연하는 고향산천이 파노라마로 떠오르니 고향에 대한 그리움이 더 간절하다.

어머니 품속에서 옹알이하다가 옷고름 잡고 초등학교와 중학교 시절을 고향 땅 고창에서 보냈고, 고교시절부터 어머니 품을 떠나 전주에서 지냈다. 그리고 직장생활은 광주광역시에서 지금껏 하고 있다. 이 두 지역은 내 고향 고창과 가까워서 고향이나 다름없다. 그렇지만 내가 느끼는 고향에 대한 감도는 각기 다르다. 가장 정감이 가는 곳은 내 탯자리요, 마음의 고향은 어린 시절을 보냈던 고창이다.

고향은 참 좋다. 도회지 목욕탕에서는 알지 못하면 굳이 아는 인연이 아니라고 단정 짓고 만다. 그러나 고향의 대중탕에서는 누구든 친구나 지인같이 느껴진다. 고향에서는 낯선 사람이라도 어디선가 본 듯한 어디선가 한 번은 만난 듯한, 그런 느낌이 든다. 고향은 생각만 해도 마음이 따사로워지는 단어다.

아직 정년을 논할 나이는 아니지만 동료들과 노후를 어디서 보내야 할지 이야기를 나눈 적이 있다. 중국 속담 하나가 생각난다.

"사람은 고향에 돌아가려 하고, 말은 여물을 향하고, 까마귀도 제 둥지를 아낀다."

아무리 목놓아 외쳐도 그리운 단어가 어머니이듯 가만히 눈감고 상념에 젖을 때 더욱 아련하게 다가오는 곳이 고향이다. 형제나 친구가 나를 부르지 않을지라도 돌아가고 싶은 곳이 고향 땅이다. 몇 년 전부터 전원생활을 꿈꾸었던 나는 노후를 보낼 곳을 생각해 보았다.

2000년 2월에 강원도 백담사 입구 황태덕장이 즐비한 용대리에 간 적이 있다. 용대리는 한적한 산골이지만 적적하지 않을 정도로 오고가는 이들이 있어서 무엇을 하든 외롭지 않을 것 같았다. 이렇듯 나는 전국 방방곡곡을 다니면서 외롭지 않을 정도로 작은 규모의 마을이 있고 오고가는 인파가 있는 시골마을에 가서 살아야겠다고 생각했다. 다시 말하면 '천안 삼거리론'이다. 옛날 과거를 보러가는 데 필수 관문인 천안 삼거리 주막집과 같이 많은 인파가 오고가는 곳을 찾아야겠다고 마음먹었다.

처음에는 기후와 풍광만 고려하여 지리산 자락에 위치한 전북 남원이나 전남 구례를 생각해 보았으나 노후에 이방인으로 살 수 없다는 것을 생각하고 단념하였다. 부모님이 물려주신 반달 논이 있는 가평리도 생각하였으나 너무 고즈넉해서 외로울까봐 선택에서 제외하였다. 나는 지방도에 인접해 있으면서 오고가는 인파가 제법 있고 노후에 볼거리, 먹을거리, 만날 거리가 풍족한 곳을 1순위로 삼았고, 21세기는 해양시대이므로 산골보다는 강이나 바다가 있는 곳을 찾아 나섰다.

찾고 찾은 곳이 고창군 심원면 경수산 뒷자락에 있는 밭이었다. 2010년 가을에 구매한 이 터는 뒤로는 경수산이 웅비해 있으며, 앞으로는 국내 최대인 하전리 갯벌이 펼쳐져 있고 변산반도가 한눈에 바라다 보이는 곳이다.

이제 내 고향은 누가 뭐래도 고창이다. 고창은 내가 유년시절을 보냈던 곳이고, 앞으로 노년을 보낼 곳이다. 지금 당장 집을 짓지는 않을지라도 나의 오래된 미래를 실현할 그날을 생각하면 가슴이 벅차오른다. 생각만 해도 엔도르핀이 솟아나고 다리에 힘이 들어간다. 그곳에 컨테이너 하나를 가져다 놓고 가끔 찾아간다. 속담에 '남자가 고향을 떠나지 않으면 귀하게 여기지 않는다(男不離鄕不貴)' 라는 말이 있지만 그럴지라도 고향 친구, 선후배 및 친지들과 얽히고설키어 살고 싶다.

고향에서 갯내음과 꽃다지랑 냉이랑 함께 사는 그날이 기대된다. 전공을 살려 하전리 갯벌체험학습장에 찾아오는 탐방객들에게 생태해설을 해도 좋겠다. 바지락과 씨름하고 개펄 흙으로 머드팩을 하며 신명나게 즐기기도 할 것이다. 또 고향에 살면서 선운산문학마당에 작지만 소소하고 아름다운 꽃을 피우리라. 어머니의 따뜻한 손길로 오늘의 내가 있듯이, 나 또한 고향 땅에 따스한 손길을 전하고 싶다.

사부곡思父曲

아버님께서 소천하신 지 벌써 열흘이 되어 갑니다. 89세의 일기로 운명하셔서 남들은 호상이라 하지만 막둥이는 밤마다 부친에 대한 그리움으로 사무칩니다. 사람으로 태어나 성장하고 시집가고 장가들고 죽는 것이 큰일임을 부모님의 주검을 통해 더 깊이 깨닫습니다.

아버님은 정사년(1917년)에 나시고 을유년 정사일(2005년 2월 25일, 음력)에 소천하셨습니다. 이제 아무리 보고 싶다고 생떼를 부려도 다시 볼 수 없는 곳으로 영영 떠나셨습니다. 어머님이 계신 곳으로 가셨습니다. 먹먹한 가슴 부여잡고 이 글을 올립니다. 아버님의 명복을 빌고 마음을 다잡기 위해 사부곡思父曲을 불러 봅니다.

아버님은 전라북도 고창 가평리에서 태어나시고 방장산을 벗 삼아 온살이를 하셨습니다. 동네 양반들이 맨 꽃상여를 타시고 방장산 용추골 산자락으로 마지막 소풍을 가셨습니다.

4월 5일 한식날, 아버님 가신 그 앞길에 하늘은 곱디고운 햇살을 내리고, 땅에선 냉이, 꽃다지, 코딱지풀로 꽃길을 만들어 놓았습니다. 소나무로 병풍 친 방장산 용추골 어디에도 일주일 전 미음 드시던 아버님의 모습은 찾아볼 수 없었습니다. 피그말리온은 자신이 만든 조각 작품에 혼을 불어 넣어 온기를 갖게 하여 행복한 생활을 하였다는데. 철없는 막둥이는 아버님의 따뜻한 온기의 마지막 불씨를 그냥 바라보면서 흐느끼기만 했던 불효자입니다.

승용차를 처음으로 구입하겠다고 말씀드렸던 그날, 아버님은 말씀하셨습니다.

"네가 정말 바빠서 차를 사는 거냐. 아니면 바삐 사는 척 하려고 사는 거냐."

저는 할 말을 잊었습니다. 그날 무척 고민했답니다. 둘 다 정답이었을 거예요. 이제 일에만 매몰되어 어디론가 쏘다니며 바쁜 척하며 살지 않겠습니다. 진솔하고 정의로운 일에 더욱 매진하겠습니다. 후학들에게 알고 있는 지식을 모두 전달하도록 노력하겠습니다. '발은 땅을 디디고, 시선은 하늘을 향'하라는 시구처럼 아버님 말씀 깊이 새겨 오늘과 내일을 직시하며 살겠습니다.

큰며느리, 선운산 복분자주 홍진 장 사장님 회갑날, 아버님 곁에서 우리 형제, 손자, 손부까지 양손 마주 잡고 함께 외쳤던 건배사 '나가자' 기억나시는지요.

나, 나라의 발전을 위하고

가, 가정의 행복을 꾸미며

자, 자신의 건강을 위해 열심히 살자.

이제 자식들 걱정일랑 하지 마시고 어머님과 함께 극락세계에서 영생불멸하시기를 바라고 바랍니다. 어머님께 전해주세요. 이제 막내가 62kg의 허깨비가 아니라 71kg의 중후한 사내가 되었으니 걱정 마시라고 말입니다.

그동안 어머님의 따뜻한 온기의 사랑과 아버님의 근엄하신 말씀을 마음 깊이 새기고 생활의 이정표로 삼고 살고 있습니다. 두 분의 사랑과 교훈은 나의 오늘과 내일로 발효되어 원만한 생활을 하게 하는 원천이 될 것입니다. 언제나 감사하는 마음으로 성실하게 살겠습니다.

아버님! 저를 이 세상에 보내 주셔서 고맙습니다. 어머님과 함께 편안히 영면하세요. 고맙습니다. 사랑합니다.

고색창연마을

어린 시절 돌담을 넘나들며 살았다. 집집마다 내 집 네 집을 구분하는 것은 돌담이었다. 호영이, 호정이, 춘심이, 경숙이, 점옥이네 그리고 물레방앗간도 돌담이었다. 대문은 대부분 없었고 간혹 있는 대문이라야 대나무로 발을 엮어 만든 사립문斜立門이 고작이었다. 6년간 다녔던 초등학교 울타리도 돌담이었다. 네거리 밭에 가도 한 귀퉁이에는 돌무지가 하나씩 있었다. 농한기 때 밭에서 돌을 골라내는 것은 흔한 일이었다. 당시엔 발부리에 걸리는 게 돌멩이였다.

새마을 운동이 시작되면서 전국의 시골 마을 풍경은 몰라보게 바뀌었다. 토담이나 돌담은 대부분 시멘트블록 담으로 바뀌었고, 초가지붕은 슬레이트나 기와지붕으로 바뀌었다. 그리고 고샅길은 경운기나 자동차가 앞마당까지 드나들 수 있도록 넓혀 놓았다.

시절이 다시 바뀌면서 천덕꾸러기이던 돌이 '돌님' 대접을 받는 세상이 되었다. 나라에선 원형을 잃지 않고 옛 모습 그대로 돌담을 보존한 마을을 찾아서 슬로시티나 돌담 보존마을로 지정하는 국가 시책을 펼치기 시작했다. 2009년 문화관광부는 내 고향, 전북 고창 가평마을을 고색창연古色蒼然 마을로 지정했다. 약간의 변화가 있긴 했지만 예스러운 돌담이 거의 그대로 남아 있고 당산제를 지내는 전통을 이어가고 있다는 것이 선정 이유였다.

매년 정월 대보름날이면 당산제를 지냈다. 그에 대해 한 마을 아저씨는 이렇게 말했다.

"아무리 문명이 발달혀도 인간 본성을 지켜야 안 쓰것소. 말하자믄 요것이 전통이랑게."

"그렁게 하늘당산나무가 없으믄 우린 쓰러져 부러라. 당산나무를 섬기는 것이 우리 마을 전통이지롸."

할머니가 말을 받았다.

"지금은 법도가 물러졌제. 당산나무 지삿날은 여자들은 꼼짝두 못혔어. 온 마을에 금줄 치고 오도가도 못혀. 내 개팽이로 시집와 75년을 사는디, 봉게로 남정네들이 장두 보구, 괴기 사구, 떡두 하구, 다해. 지사 땐 비린 건 입에도 안 대. 몸에 붙은 이도 안 잡어. 정월 대보름엔 긴 동아줄을 나무에 입혔으니, 돼야지두 잡구 왼 동네를 한 바퀴 돌구 난리가 나부렀지롸."

어린 시절, 정초부터 대보름까지 들판에서 논두렁을 태우면서 쥐불놀이를 하며 놀았다. 동네 꼬마와 청장년까지 참여하여 마을 대항 불싸움을 하였다. 들판의 보리를 심은 논밭이 모두 싸움터였다. 그리고 대보름날 전야제로 두 마리 용을 만들어 가평마을 들판을 온통 헤집고 다니면서 고싸움을 하였다. 힘센 어른들은 용머리를 어깨에 매고 청년들은 몸통을, 아이들은 꼬리를 잡고 따라 다녔다. 그리고 당산나무에 두 마리 용으로 꽈리를 틀고 제를 지냄으로써 대미를 장식했다.

고싸움을 할 때면 고무신을 새끼로 칭칭 동여맸다. 고무신이 벗겨지면 대열에서 멀어질 수밖에 없었다. 고싸움이 끝나면 신발에는 큰 벌집만 하게 흙이 달라붙었다. 바로 질퍽한 논밭의 흙이 달라붙은 것이다. 여기에는 세 가지 의미가 있었다. 하나는 쥐불놀이로 논두렁의 해충을 박멸하는 일이요, 다른 하나는 겨울 동안 서릿발로 뿌리가 들린 보리들을 밟아주는 일이었다. 그냥 보리밭을 밟으라고 하면 들어갈 아이들이 하나도 없었을 것이다. 동네 아이들끼리 쥐불놀이를 하게 함으로써 못된 망아지처럼 들판을 쏘다니게 하여 보리밟기를 하게 하는 풍습은 우리 선조들의 지혜였다. 세 번째는 겨울 동안 방안에서 생활하던 아이들에게 운동을 시키는 방법이었다.

가끔 선친 산소를 찾아 고향에 들렀다. 갈 때마다 돌담이 먼저 반겼다. 돌담에는 담쟁이덩굴이 제격이었다. 호박돌 하나하나를 부여잡고 태풍이 몰아쳐도 그 자리를 고정하고 있었다. 또는 하늘타리가 뒤덮고 있거나 호박순이 나풀거리는 돌담도 있었다.

돌담을 자세히 살펴보면 재미있었다. 지면과 접한 돌들은 장정이 들기 힘든 큰 돌을 주춧돌로 사용하였고 그 위에 들고 다니기 쉬운 크기의 돌들을 쌓아 놓았다. 진안 마이산에 가면 이갑용 처사가 130여 년 전에 쌓은 돌탑들이 강한 비바람에도 그대로이듯 가평마을 돌담도 원형 그대로 보존되고 있었다. 탑과 돌담이 서로 다른 돌들을 모아서, 하나는 밑에 괴고 하나는 위에 얹고, 토시를 낀 모습으로 서로 마주보게 쌓고 또 쌓아 놓았다. 이렇게 쌓아 놓은 담은 시간이 흐를수록 더 고풍스럽게 보였다. 시간여행을 한 돌들에는 지의류가 끼었다. 황토 흙이 묻은 돌들이 세월 속에서 검은 빛을 띠게 되는 것이다. 여기에 담쟁이덩굴이 얽히고설키면 예스러움이 더했다. 돌담의 돌들은 제각각이었다. 큰 돌 작은 돌 주먹돌, 사람 얼굴처럼 동일한 모습의 돌은 하나도 없었다. 우리의 심사心事처럼 모난 정도도 제각각이었다. 선조들은 이 돌들을 어루만져 찰떡궁합을 이룬 돌담을 만들었다. 성깔이 다른 크고 작은 녀석들을 서로 얽어 쌓음으로서 조화를 이루어 낸 것이다. 조화로운 돌담은 한 덩이가 되어 모진 풍파에도 흔들림이 없었다. 이제 가평리 돌담은 문화와 전통으로 남아 마을주민들과 더불어 경향 각지로 출향한 향우들을 하나로 결속시키는 힘이 되고 있다.

예전엔 주목 받지 못했던 돌담. 한때 토속신앙으로 매도되었던 당산제. 이들은 오늘날 전통마을의 중요한 요소가 되었다. 어제와 오늘 그리고 내일을 이어주는 것이 전통이다. 제각각인 돌들이 얽히고설켜 하나가 된 돌담은 고색창연한 모습으로 천년을 지켜낼 것이다. 옛것은 하찮은 것이 아니라 우리가 지켜야 할 문화요, 소중한 자원이다.

지금도 가평마을에는 모자이크처럼 조화를 이룬 돌담과 흑룡 두 마리가 똬리를 틀고 서 있듯 커다란 당산나무가 마을을 지키고 있다. 주민들 또한 얼굴 잔주름이 비칠 정도로 툇마루를 반질반질하게 닦으면서 '고색창연마을'을 이어가고 있다.

추도사

- 2009년 6월 10일 형님 충혼비 제막식에서

현충일에 전주 군경묘지에 가서
세 분 형님들 묘비에 절을 했습니다.
자유민주주의를 지키기 위해
목숨을 바친 형님들의 명복을 빌었습니다.

형님은 어린 시절 나의 우상이었습니다.
형들이 갈촌 저수지로 멱을 감으러 가면
울며 따라 나섰던 때가 엊그제 같습니다.

형님이 동아전과를 읍내에서 사오던 날은
동구 밖에서 눈이 빠지게 서성거렸습니다.
함께 자취할 때, 형님과 나는 서로를 위해
밥 한 공기씩을 아랫목에 묻어 두었습니다.
내년에 동생 대학 간다고 자원입대하였는데
그런 동생 남겨놓고 너무 먼길 가셨습니다.

호국 영령이 되신 형님들은
부모님들에게 꿈이며 희망이고 전부였습니다.
고창 땅에서 태어나 고향에서 군 복무를 한다고
어머님께서 얼마나 좋아하셨는지 아십니까.
참으로 든든해 하셨습니다.

오늘 제막식을 한다는 말에 무척 기뻤습니다.
국가를 위한 장렬한 죽음이 자랑스러웠습니다.
말로 하는 애국은 쉽습니다.
누구나 말로는 나라를 사랑할 수 있습니다.
그러나 나 자신을 희생하며

나라를 위해 헌신하는 것은 참으로 어렵습니다.
형님들은 짧지만 굵게 사셨습니다.
보람되게 사셨습니다.
자랑스럽습니다.

이런 자랑스러움에도 옛날 생각에
내 마음 찢어지는 걸 느낍니다.
눈에 어리는 눈물은 정녕 그리움의 징표겠지요.
저는 1975년 예비고사를 준비하는 고3이었습니다.
부모님은 9월 11일 형의 전사 사실을
막내인 제가 수험생이라는 이유로
알리지 않았답니다.
전주 중앙교회에서 치러진
추도예배에 참석했던 친구가
형님의 서거 소식을 알려 주었답니다.
눈물을 훔치며 시골집으로 달려왔지요.

형이 없는 세상은 한없이 슬펐습니다.

무장공비의 만행을 원망하며
부모님과 형님 내외 그리고 누나와 나는
울분에 치를 떨며 너무 비통하여
울음바다를 이루었답니다.
하늘도 애달팠던지 그 해 9월은
온종일, 하루도 거르지 않고
애수의 소낙비가 내렸답니다.

어찌 가셨습니까?
무슨 날벼락입니까?
장렬한 죽음 앞에 부모 형제가
웃을 줄 알았습니까?
산 자의 가슴에 피멍이 든다는 걸
미처 몰랐던가요.

누가, 왜, 무엇 때문에
형님들을 부모님 곁에서 갈라놓았습니까?

세 분 형님들은 장래가 촉망되는
전북대학교 공대생으로
꿈과 희망과 확신에 차 있었지요.
'꿈이 있어야 성공할 수 있고,
희망이 있어야 희생할 수 있으며,
확신이 있어야 헌신할 수 있습니다.'

형님들은 장밋빛 미래를 꿈꾸며
국가를 지킨다는 사명을 가지고,
국방의무와 자유민주주의에 대한 확신으로,
아낌없이 자신의 몸을 던져 순국하셨습니다.

덕분에 우리나라는 한강의 기적을 이룬
경제발전과 민주화를 이루었습니다.
그리고 세계화에 따른 글로벌 리더로서
한국이란 브랜드 가치를 창출하고 있답니다.

구시포 해안가의 곰솔과 해당화는

34년 전 그 모습 그대로인데
형님들은 온데간데없고
배향한 술잔 위에 망부석 세 개가 돋아났네요.

형님들이 가신 지 얼마 안 되어 부대원들이 만든 추모비.
민간인이 접근할 수 없는 군부대 내에 세운 추모비,
그리고 뜻있는 분들의 훈훈한 마음을 모아
오늘은 우리가 돌볼 수 있게 웅장한 충혼비가
부대 밖에 세워졌네요.

형님들이여!
이제 편히 쉬십시오.
우리 유족들도 편안한 마음으로 추모비와 충혼비를 안아보렵니다.
유족들은 더욱 화목하고 서로 발전하면서 국가 애를 가지겠습니다.
이는 형님들이 온몸으로 보여준 가치이자
우리 유족들이 이어가야 할 사명이라고 확신합니다.

다시 한 번 형님들의 명복을 빌면서,

충혼탑 건립에 열과 성을 다해주신 고마운 분들에게

유족을 대표하여 심심한 감사를 드립니다.

5부

우리들의 사랑법

우리보다 더 덕스런 말은 사랑이다. 덕이 전제된 사랑은 외롭지 않은 법이다.(德不孤 必有隣) 진솔한 정들의 합이 사랑이다. 사랑은 살 수도 없고, 팔 수도 없다. 사랑은 주고받을 뿐이다. 특히 주는 사랑이 더 아름답다. 언제나 사랑의 손길은 따뜻하다. 우리들이 모여서 웃고 떠들고 신나는 것은 사랑이 배어 있기 때문이다. 러셀은 사랑은 희열을 만들어 내고, 끔찍한 고독에서 구원해 주며 사랑의 합일상태에서 하늘예감을 볼 수 있다고 했다.

문門을 열어라

2001년 ≪수필과비평≫으로 문門을 열었다. 수필가가 되었다고 달라진 것은 없다. 문호門戶는 열었으나 문호文豪가 될는지는 의문이다. 그래도 글을 쓰는 게 즐겁고 좋다. 흐트러진 생각을 정리하고 한 묶음으로 바르게 꿰는 일이기 때문에.

문은 여닫이다. 외부와의 교류를 위한 연결통로이고 수단이다. 국가 간에는 관문關門, 집에는 대문大門 그리고 개인에게는 마음의 문(心門)이 있다. 여닫이는 열고 닫을 수 있을 때 이용가치가 있고 기능을 인정받는다. 문은 오고가는 소통의 수단이고 마음의 문은 나와 너 그리고 우리가 함께하는 공감의 시발점이다. 마음의 문은 생각과 말과 행위로 열어야 한다.

수필문학의 질적인 발전을 위해 물심양면으로 대문을 여신 분이 있다. 그분은 신곡 라대곤 회장이다. 신곡은 명망 있는 수필가로 소설가로 그리고 동화 작가로 다작을 했다. 그뿐만 아니라 사재를 쾌척하여 '수필과비평사'에서 신곡문학상을 제정하게 했다. 글을 좀 잘 쓴다는 분들은 대접 받기를 좋아하고 베푸는 물物에는 인색한 법인데 신곡은 그렇지 않았다. 책상머리에서 좋은 글을 쓰면서 글을 쓰는 문우나 후배 문인들에게 아주 따뜻한 서평뿐만 아니라 친근하고 자상하셨으며 매번 주머니의 문을 여신 분이다.

2001년에 대전 홍인호텔에서 신곡을 처음 뵈었다. 수필과비평 신인상을 받을 때였다. 내빈으로 소개하는 신곡을 먼발치에서 바라보았다. 작은 체구에 당당한 모습이었고 목소리는 카랑카랑하였다. 신곡과의 두 번째 만남은 변산반도에서였다. 같은 상에서 식사를 했다. 비로소 통성명을 했다. 약주 한 사발을 주고받았다. 그렇고 그런 이야기가 오갔다. 신곡께서 빤히 쳐다보시면서 "앞으로가 더 좋을 인상"이라고 하였던 기억이 났다. 세 번째 만남은 군산에서 ≪수필과비평≫ 임원모임에서였다. 그리고는 더는 볼 수 없는 먼길 떠나 회자정리會者定離가 되어 버렸다.

인간의 인연은 만남으로 시작되고 관심으로 성숙하며 사랑으로 완성한다. 만난 지 십여 년이 흘렀지만 신곡과는 마음의 문을 열지도 못한 처지였다. 끌리는 힘이 미약했던 게다. 다가서는 나의 발길이나 글들이 치아가 한둘 남은 합죽이 수준이었고 Y유전자끼리 척력斥力이 있었는지도 모르겠다. 신곡과는 마음의 창으로 눈요기만 한 터라 허기를 느낀다.

시간은 흘러 내가 신곡문학상을 수상하게 되었다. 축전을 받았다. "임동옥 님. //제20회 신곡문학상 수상자로 선정되신 것을 축하합니다. //수필과비평 발행인 서정환" 뜻밖의 일이다. 놀라웠다. 그리고 기뻤다. 비로소 신곡과 큰 인연이 되었다. 그렇다고 그간 이빨 빠진 만남에 보답할 길은 딱히 없다. 마침 "신곡 라대곤 선생 3주기를 맞이하여 추모문집을 발간"한다는 기별이 와서 염치없는 글이라도 상재하고 싶어 책상 앞에 앉았다. 그분의 저서인 ≪취해서 50년≫을 읽었다. 갈지자 흥겨운 걸음으로 신곡은 마음의 문을 여셨고 수필계의 발전을 위해 주머니를 털었다. 바로 수필 세상에 소낙비를 내려 낙숫물이 흐르게 하였다.

혹자는 수필도 문학이냐고 혹평을 퍼 부어도 수필문학의 질적 향상을 위해 긍정의 힘을 보여 주신 분이다. 지금쯤 신곡은 천국의 야단법석에서 무언정진하시겠지만 어떤 마음인지 알 것 같다. 수필문학 발전을 위해 '임자, 나 해봤어.' 하는 눈빛일 테다. 불현듯 서산 간척지 마지막 270m 물막이 공사가 난관에 처해 모두가 "안 된다.", "못 한다.", "할 수 없다."는 말 · 말 · 말들을 하는 관계자들에게 "임자, 해보긴 했어?" 라고 하신 고 정주영 회장이 생각난다. 아무도 생각해 내지 못한, 외국에서 큰 폐선을 가져와서 보란 듯이 서산 간척지를 막아 옥토로 만들었던 분. 우리는 정 회장을 긍정 마인드로 불가능을 가능케 한 분으로 기억한다.

그렇다. 함께 사는 세상에 긍정의 힘은 무한 에너지다. 긍정 모드는 '못할 게 없다.' '모두 할 수 있다.'는 자세다. 긍정의 힘으로 아직 못 풀어헤친 보따리를 꺼내봐야겠다. 쓰지 않아서 지울 수 없는 안타까움보다 쓰고 또 쓰는 인고忍苦가 나을 게다. 그러면 지우고 고치고 수정하는 퇴고의 과정, '유쾌스트레스'가 뇌리에 머물 수 있을 테니까.

신곡을 좇아 갈 수는 없을지라도 이제 이문 저문 그문을 열어야겠다.

'사랑은 눈물의 씨앗'이라 하였던가. 마음의 문 열어 사랑으로 촉촉한 글 쓰고, 발문足門을 열어 눈물의 씨앗 마르지 않게 내가 먼저 다가서며, 만나는 순간만이라도 지갑을 열어 말과 행위로 문예의 꽃을 피우고 싶다.

사랑하는 문우들이여. 함께 문을 열어보자. 신곡이 그랬던 것처럼

우리들의 사랑법

'우리들의 사랑법'은 남도수필문학회 작품집 제목이다. 2008년까지 17집이 출간되었고 올 연말이면 18집이 나온다. 나이로 치면 낭랑 18세다. 얼마나 좋은가? 거칠 것 없는 꽃다운 나이이다. 남도수필문학회 회원들은 18년 동안 매월 또는 격월 간격으로 가슴으로 만나고, 웃으며 귀가하는 즐거운 시간 여행을 했다. 만날 때마다 일신의 작은 일부터 생활 가운데 겪었던 사건들을 글 보따리로 풀어헤쳤다. 회원들은 긴 세월 다정한 만남을 통해 눈빛만 보아도 서로를 이해하고 헤아리는 관계가 되었다.

남도수필문학회는 나이가 많고 적은 기준으로 이루어진 상하관계가 아니다. 글을 쓰고자 하는 열정 하나로 맺은 문우들의 모임이다. 그런데 올여름 장형인 L 변호사님께서 탈퇴를 선언하셨다. 실연당한 심정이 되어 18년의 세월이 모진풍파였던가 물었더니, 그건 아니란다. 변호사님은 "나는 수년 전 큰 수술을 받았고 연만하여 소리를 잘 듣지 못할 뿐만 아니라 내자內子가 나보다 건강이 더 좋지 않아서 돌봐주어야 한다."라고 말씀하셨다. 사모님께서 젊은 시절 고생을 많이 했다는 이야기를 하면서 눈시울을 붉혔다. 변호사로서의 근엄한 자태는 간 곳 없고 지극히 인간적인 모습을 볼 수 있었다. 아! 부부란 저런 것이구나, 행복한 가정이구나! 생각하지 않을 수 없었다.

가정은 부부를 중심으로 혈연 관계자가 함께 살고 있는 사회의 가장 작은 집단이며 영어로 'Family'다. 혹자는 Family(가족, 가정)의 어원을 '아버지(Father)와(and) 어머니(mother)가 나는 당신을 사랑한다(I love you)'로 풀이하면서 각 단어 첫 자를 따온 합성어라고 말한다. 이렇듯 부부와 그 자녀로 구성된 가정은 사랑을 실천하는 가장 작은 참 사회다. 부모가 돈독한 부부관계를 이룰 때, 슬하의 아이들은 얼마나 행복하겠는가? 부부의 연으로 만나 서로 사랑하는 관계를 이룰 때 얼마나 오붓하겠는가? 누가 먼저랄 것 없이 서로 감싸는 부부, 서로 북 치고 장구 치는 관계(鐘鼓樂之), 이것이 부부다. 이 변호사님의 순애보는 행복한 가정의 본보기다. 애틋함으로 부인을 먼저 생각하고 돌보며 배려하는 마음, 얼마나 멋진가? 이것이 달콤한 가정(sweet home)인 것이다. 부디 두 분 더욱 건강하셔서 내년에도 남도수필에 나들이하시면 참 좋겠다.

가정처럼 정감 가는 말이 또 있다. 바로 우리다. 우리는 국어사전에 '말하는 이가 자기와 듣는 이, 또는 자기와 듣는 이를 포함한 여러 사람을 가리키는 일인칭 대명사'로 정의하였다. 우리는 너와 나를 지칭한다. 그리고 그나 그들도 포함한다. 둘도 되고 셋도 된다. 그 이상도 우리다. 우리는 가족과 같이 사랑이 전제된 동질감을 가진 공동체 개념이다. 남도수필문학회는 수필이라는 글감으로 만나는 우리요, 18년이란 세월 동안 글을 쓰고 또 써온 우리다. 우리는 수필을 사랑하는 사람들의 모임이다. 마치 만추에 시골집 마당에서 비질하다 돌아보면 또 낙엽이 수북이 쌓이는 것처럼 아무리 써도 또 써야 할 소재를 가진 이들이 남도수필회원들이다. 수필로 맺어진 끈끈한 인연이다. 남도수필문학회는 탁씨, 조씨, 정씨, 이씨, 우씨, 오씨, 소씨, 서씨 그리고 3김과 2박이 만나 서로 글을 사랑하는 틈새에 임가가 덤으로 낀 우리다.

우리보다 더 덕스런 말은 사랑이다. 덕이 전제된 사랑은 외롭지 않은 법이다.(德不孤 必有隣) 진솔한 정들의 합이 사랑이다. 사랑은 살 수도 없고, 팔 수도 없다. 사랑은 주고받을 뿐이다. 특히 주는 사랑이 더 아름답다. 언제나 사랑의 손길은 따뜻하다. 우리들이 모여서 웃고 떠들고 신나는 것은 사랑이 배어 있기 때문이다. 러셀은 사랑은 희열을 만들어 내고, 끔찍한 고독에서 구원해주며 사랑의 합일상태에서 하늘예감을 볼 수 있다고 했다.

남도수필문학회!

사랑의 희열로 고독에서 해방된 우리다. 성인들과 시인들의 생각에 나타났던 하늘예감을 볼 수 있다면 얼마나 좋겠는가?

우리는 정이 넘치고 웃음이 헤프다. 만나면 떠들고 신나는 우리다. 우리는 주는 사랑이 넘친다. 좋은 글을 위해 서로 침 튀기는 사이요, 절차탁마切磋琢磨하는 사이다. 하늘의 예감을 위해 서로의 글밭에 거름을 주는 우리다. 글감을 보면 입가에 미소가 벙글고, 심장은 발름거려 마음에 생기가 도는 우리다. 용혜원 시인의 '너를 만나면 더 멋지게 살고 싶어진다.'는 시처럼 서로 만나면 세상천지 어느 것도 부러울 것이 없는 사이다.

이것이 우리들의 사랑법이다.

애마 예찬

타고 싶을 때마다 애마를 즐긴다. 가고 싶은 곳으로 시간과 장소를 가리지 않고 잘도 간다. 아스팔트길은 물론이고 산간 오지의 자갈길도 무리 없이 달린다. 올라타면 편안하고 안정감이 있어 좋다.

나의 애마는 처음엔 프라이드였고 갤로퍼, 렉스턴을 거쳐 지금은 투리스모다. 1995년 7월 승용차에서 지프차로 바꿨다. 애마는 아침부터 저녁까지 언제든지 서두르지 않고 내가 바라는 방향으로, 원하는 속도로 시원스럽게 달려주었다. 다툼 없이 호흡도 척척 잘 맞았다. 출퇴근뿐만 아니라, 설악산 미시령과 한계령, 부산 해운대와 태종대도 함께 갔다.

애마, 갤로퍼를 좋아하는 이유는 세 가지다. 첫째, 출발이 빠르지 않다. 길들인 유순한 말처럼 서두르지 않고 달리기 시작한다. 둘째, 액셀러레이터를 세게 밟아도 최대 시속 130km 이상 되지 않아 과속을 좀처럼 하지 않는다. 마지막으로 운전석에 앉으면 시야가 탁 트이고 안정감이 있어 좋다. 덩치와 키가 미들급 정도 되어 너무 둔하거나 너무 왜소해 보이지 않아서 좋다. 애마는 이런 장점이 있고, 장거리 산악운전에는 RV 차량이 제격이다.

애마와 함께하면서 차와 인간이 닮아야 될 점을 찾아보았다. 인간이 자신의 편리를 위해 만들었으니 당연히 코드가 맞아야 될 것이다. 인간이나 차 모두 앞을 내다보는 비전을 가지고 고(go)와 스톱(stop)을 잘해야 된다. 첫째는 시야 확보요, 둘째는 마이 웨이를 가거나 흐름을 탈 줄 아는 고(go)요, 마지막은 상황에 맞게 멈추는 스톱(stop)이다.

시야 확보는 앞으로 나갈 수 있는 가능성이다. 목적지까지 어느 코스로, 몇 시간 내로, 어떻게 갈 것인가 하는 비전이다. 비전은 인간을 안정적이고 활동적이게 하는 동력의 근원이다. '내일 지구가 망하더라도 오늘 한 그루의 사과나무를 심는' 혜안慧眼과 노력이 중요하다. 쾌청한 날엔 전혀 쓸모없던 와이퍼가 눈이나 비가 오는 날이면 시야 확보에 제격이다. 빗길에 와이퍼가 최고이듯, 인간이 슬럼프에서 탈출하는 데는 내일을 향한 희망과 믿음이 중요하다. 고(go)는 운전석에 앉아 액셀러레이터를 밟아 질주하는 것으로, 내연기관과 네 바퀴가 연출하는 조화다. 조화는 몸의 항상성을 유지하는 것으로 때로는 근력을 최대로 하거나, 업무를 원만하게 처리할 수 있는 정중동靜中動의 힘이다. 세 번째는 달리다 돌발 상황에는 급정거를 할 수 있어야 한다. 때로 급제동 능력은 달리는 것보다도 더 중요한 요소이다. 돌발 상황에 제때 멈추지 못하는 차는 사고를 내고 만다. 인간의 제동장치는 절제력이다. 인간의 3대 욕구인 식욕, 성욕, 물욕을 적절한 선에서 멈추는 것이 절제의 미덕이다. 그렇다. 인간이나 차는 '닦고 조이고 기름 치자'는 항상성과 기동성을 겸비하고, 안전거리를 유지하는 믿음의 질주를 하면서, 밝은 내일을 향한 휴식과 절제의 스톱이 아주 중요하다.

이들은 밥을 하는 이치와 비슷하다. 불 없이는 밥이 되지 않지만, 불 조절을 못하고 무조건 아궁이에 센 불만 지피면 탄 밥을 먹을 수밖에 없다. 밥솥에 센 불을 때다 밥물이 넘으면, 잠시 멈추었다가 다시 은근한 불로 뜸을 들여야 밥맛이 좋다.

삶의 길과 애마의 길이 다르지 않다는 걸 깨닫는다. 수십 년 안전하게 고달픈 주인의 손발이 되어준 나의 애마에 기꺼이 찬사를 바친다.

남도수필과 인연

나는 생물학자다. 사람들은 파란 것은 나무요, 검은 것은 바위라고 하지만 땅은 이름 없는 풀을 내놓지 않는다. 지불생무명지초地不生無名之草다. 자연을 벗삼아 살아가면서 많고 많은 식물들의 이름을 불러주며 살고 있다. 봄에는 광대나물, 바람꽃, 복수초, 꽃다지와 속삭이고, 여름에는 느티나무 그늘 아래 쉬면서 매미꽃, 쥐손이풀, 지리터리풀 등을 보며 감탄한다. 가을에는 오색찬란한 단풍에 반하고 차나무 꽃향기에 취해 비틀거린다. 눈 오는 겨울에는 잎이 달린 소나무나 대나무는 쉽게 세한고절歲寒孤節로 구분하지만, 잎이 떨어진 나무는 겨울눈으로 구분하는데 어려움을 겪는다. 이렇듯 나는 문학과는 전혀 딴 세상을 살아왔다.

사건이 생겼다. 존경하는 H 교수를 만나면서 글쓰기에 대한 고민은 늘어갔다. 어느 날 우리 학교 학보 간사를 맡으면 어떻겠느냐고 물었다. 단호하게 난 글쟁이가 아니라고 손사래를 쳤다. 사건이 생겼다. 교양과목을 수강한 학보사 기자가 연구실로 찾아와서 '서촌칼럼'을 써 달라고 부탁했다. 나는 글을 안 쓴다고 하면서 돌려보냈다. 한 주가 지나자 그 기자가 다시 찾아왔다. 한 편 써 달라고 생떼를 부렸다. 아니다, 난 글을 안 쓴단다. 다시 돌려보냈다. 자존심이 상했다. 3주째 기자가 찾아왔다. 글을 간곡하게 부탁하는 바람에 교수로서 스타일 구기는 것 같아 기세로 글을 써 주겠다고 하였다. 제목은 〈식목일 단상〉이었다. 그 후로 학보사 기자와 가까워졌다. 시간이 지나면서 글쓰기에 대한 의문을 갖게 되었다. 결정적인 계기는 ≪시문학≫에서 생태시를 쓰고자 하는데 도움이 될 유전학 법칙에 대한 원고청탁을 받으면서였다. "생명, 생태, DNA 그리고 시" 부분에 〈생명, 그 영속성과 변이성〉이라는 글이 실렸다. ≪시문학≫ 두 권을 보내와서 한 권을 H 교수에게 드렸다. 그후 H 교수의 말씀은 간결했다. "괜찮네, 또 써보소." 짧지만 강한 메시지가 되었다. 〈시문학〉을 읽고 문학 속의 나를 생각해 보았다. 자연환경 조사차 찾아간 지역들은 먹고 난 회전초밥 접시처럼 쌓여만 갔고, 글감이 될 만한 사건도 많았다. 1998년과 1999년 겨울방학을 이용해 글감을 모아 정리를 하였고 드디어 새천년에는 ≪계룡산의 아침은 약이 될까≫라는 책을 내게 되었다. 그리고 2001년에는 내심 부끄럽지만 수필로 등단을 했다.

2006년 겨울 어느 날 H 교수께서 한번 보자는 연락이 왔다. 약속 장소에 나갔더니 장형님들과 누님들이 있었다. 영문도 모르고 나간 자리여서 어리둥절했다. 서로 수인사를 시키더니 날더러 글밭 모임에 가입하라고 권유했다. 딱히 거절할 명분도 없고, 은근히 문학에 대한 관심도 생긴 터여서 가입을 수락했다.

주위를 둘러보았으나 또래는 없었다. 나는 막내로 태어나서 호랑이띠 누나도 있지만 장형님들을 뵈는 순간 너무 연만年滿하여 응석을 부릴 수 없는 처지였다. 누나 치마폭을 잡고 자라긴 했지만 댓바람에 낯선 옷고름 잡고 매달릴 수도 없는 노릇이었다. 마치 심산深山의 자생식물들 사이에 심어 놓은 외래종外來種

같았다. 걱정은 기우였다. 그후 2007년에 격월로 만날 때마다 모두 따뜻하게 맞아주었다. 장형님들 힘깨나 쓰셨을 때는 더 오붓했다는데 나로 인해 썰렁한 것은 아닌지 염려스러웠다. 이제 젊은 내가 그 역할을 해야 한다 싶으니 어깨가 무거웠다.

2008년 가을에 대천지역으로 문학기행을 다녀왔다. 성주사지와 무량사의 고즈넉함, 대천의 생기발랄함을 동시에 맛볼 수 있어 좋았다. 무엇보다 큰누님들과 함께하는 그 밤의 재담과 웃음과 술로 흥건해지는 분위기가 좋았다. 젊은이들 사이에서 이슬로 옷깃 젖고, 파도소리에 귀볼 젖고, 눈물 나게 웃으며 마음 적시는 하루였다. 모두 하나가 되어 말로 잔치하고 웃음으로 입 벙그니, 외래종이 자연에 동화되는 그런 느낌이었다. 마치 깊은 산속에서 연리지가 된 느낌이었다. 두 나무가 맞닿아 오랜 세월 보내면 맞닿은 부위는 표피가 벗겨지고, 두 나무의 결이 서로 통해 세포가 서로 합쳐 하나가 된다. 이것을 연리지連理枝라고 하듯이, 남도수필과 맺은 인연도 두고두고 부대끼는 가운데 한 살로 차고 넘쳐 튼실한 연리지가 되었으면 좋겠다. 흥미로운 것은 연리지로 하나 되어도 그 고유의 성질은 제각각인 것이다. 노란 꽃을 피우는 가지는 노란 꽃으로 피고, 빨간 꽃을 피우는 가지는 빨간 꽃을 피우는 법. 회원 각자 고유의 색을 유지하며 더 아름다운 숲으로 성장하기를 바라는 마음이다.

생기발랄한 나 같은 '넘' 데려온다는 덕이 누나의 말을 철석같이 믿으며 다음 모임을 설렘으로 기다린다.

'반상진의 세상 이야기'를 읽고

반 원장님과는 30여 년 전에 처음 만났다. 그분은 내가 광주와 인연을 맺고 사는 데 많은 도움을 주신 분이다. 만날 때마다 인자한 모습으로 삼촌같이, 이웃집 아저씨같이 자상하게 대해 주셨다. 나는 그분을 존경하고 닮고 싶은 분으로 여기며 살고 있다.

얼마 전 반 원장님의 산수傘壽를 축하하는 원고를 써달라는 선배 교수의 전화를 받았다. 나는 한 자도 쓰지 못한 채 20여 일을 허비했다. 이는 원장님과 나이 차이가 많아서도 아니요,

가뭄에 콩 나듯 만남이 뜸해서도 아니었다. 인품이 높은 어른을 졸필로 피력한다는 것이 문제였다.

아무리 생각해도 그냥 지나칠 수는 없어서 지난 만남을 생각해 보고 또 예전에 받아 둔 원장님의 저서를 뒤적여 보았다. ≪반상진의 세상 읽기≫ 중 9박 10일 동안 유럽여행을 다녀와서 각 나라마다 한 권씩 집필한 다섯 권의 책을 읽어 보았다.

원장님은 내 어린 시절 고향에 의료장비를 가지고 와서 기꺼이 봉사를 해주신 분이었다. '초등학교 때 원장님께서 설근을 잘라주신 덕분에 발음이 정확하고 말이 빨라졌다.'고 자랑하는 친구도 있었다. 의료 혜택이 적었던 시절 고창군민의 건강지킴이가 되어 주신 분이었다. 1974년에는 고창남중학교를 설립하여 형편이 안 좋은 학생들에게 면학의 길을 열어주셨다. 그후 10년 뒤에는 장성고등학교를 설립하셨다. 낙후된 지방에서 인재육성에 앞장선 분이었다. 교육만이 살길이라고 여긴 독일의 피히테처럼 교육은 모든 문제 해결의 기본이요, 가장 중요한 열쇠라고 여기셨던 것이다. 이와 같이 반 원장님은 청소년기의 아이들에게 배움의 길을 열어서 꿈이 있는 학생, 희망을 가진 학생, 미래를 선도하는 학생들을 배출하고자 교육에 앞장서셨다.

책머리에 "나는 나 자신을 가장 사랑한다. 그러면서도 나 자신을 가장 미워한다. 내가 간절히 바라는 것은 내가 나를 뛰어넘어서는 것이다."라고 쓰셨다. 나 자신을 가장 사랑한다는 것은 세상살이에서 가장 중요한 일이다. 어떤 인간도, 어떤 신도, 어떤 우연도, 나에게 영감은 줄 수 있지만, 나를 도울 수는 없다. 나 스스로 자신을 도와야 한다. 자신을 가장 사랑한다는 것은 자아존중감이 높다는 말이다. 한마디로 자존감은 스스로를 가치 있고 쓸모 있다고 느끼는 감정이다. 자존감은 개인의 사고, 행동, 감정에 영향을 미치는 가장 중요한 요소다. 긍정적인 자존감은 심리적으로 건강한 사람의 특징 중 하나이다. 이렇듯 자신을 가장 사랑하는 원장님은 의사로서뿐만 아니라 학교 이사장님으로서 이 시대의 오피니언 리더요, 선각자라 할 만하다.

그러면서도 자신을 가장 미워한다는 반어법을 쓰신 욕심쟁이시다. 하고 싶은 열정이 많고 일 욕심이 많아서인지 "나를 삼켜가는 어둠을 몰아내고 싶다."라고 하셨다. 밤에도 낮과 같이 일하고 싶은 에너지가 많은 분이다. 그러면서도 언제나 마음 편하게 잠자리에 들었을 것으로 여겨진다.

그리고 내가 나를 뛰어 넘어서는 일을 소원하신 분이다. 혹자는 나를 뛰어 넘는 일로 마라톤을 말한다. 자신과 레이스를 펼쳐 극기克己를 해야만 완주할 수 있다는 마라톤은 누구나 희망하는 로망이다. 하지만 나를 포함한 많은 이들은 뛰는 시늉은커녕 TV 앞 소파에 앉아서 손기정, 황영조 및 이봉주 선수에게 환호와 박수를 보내는 것으로 만족한다.

원장님은 '언제나 성실한 학생이 되고자 노력하고 평생 배우는 자세로 살아가고자 한다.'고 말씀하신다. 사회적으로 덕망과 경륜을 가졌음에도 불구하고 늘 배우고자 하는 자세를 갖기란 얼마나 어려운 일인가? 정말 존경스럽다. 늘 학생으로 배우며 산다는 것은 보편타당한 정의에 천착하고 자연에 순응하며 산다는 것이다. 그러면서도 '더 높이, 더 멀리, 더 빨리'라는 스포츠정신으로 자신과 부단히 경주를 하는 분이다. 요즈음 세간에 알려진 자칭 '아는 척, 가진 척, 잘난 척'하는 인간들과 달리 겸양지덕을 실천하는 분이다. 늘 수많은 학생들의 귀감이 되신 분. 학생들이나 주변 사람들로부터 존경받는 이사장님이시다.

세상에서 누구나 좋아하는 것은 칭찬이요, 기부요, 봉사라고 한다. 이 셋은 세상을 맑게 하는 아름다운 덕목이요, 주고받는 이들이 서로 행복해하는 요소다. 이중 하나라도 실천하면 기쁨이 배가 되는데 이 셋을 모두 실천하는 분이 반 원장님이다.

원장님은 만나는 인연마다 칭찬을 하는 분이다. 나에게도 "잘 하지", "열심히 해" 하면서 늘 격려를 해주신다. 제5권의 머리말에 "5개월간 5권의 책을 쓰면서 흥분과 기쁨, 그리고 끝없는 충동 속에서 보낸 세월"이란 표현이 있다. 자신에게 보내는 더 이상의 찬사는 없다. 의사로서 매일 환자들과 씨름하면서 진료가 끝난 밤에는 쉬지 않고 원고를 쓰면서 마음 달뜨는, 흥분의 도가니 속으로 자신을 빠뜨린 분이다. 자신을 칭찬하며 흥분과 기쁨을 맛본 분, 수많은 인연들에게 찬사를 보내는 분이다. 사모님에 대한 소회에서는 "인고의 세월 뒤에 피어난 국화꽃 같고 누님 같은 아내"라고 표현했다. 정말 아름답게 사는 잉꼬부부다. 이런 말을 듣고 사는 동반자는 얼마나 좋을까?

유럽여행에서 찍은 사진 밑에 "우리는 한가족, 같은 반 학생이다. 이 세상에서 가장 중요한 사람은 지금 내가 만나고 있는 사람이다. 이 세상에서 나에게 가장 중요한 일은 내가 지금 만나고 있는 사람을 아끼고 사랑하는 일이다."라고 적어 놓았다. 사진 속에 있는 주인공들은 얼마나 기분이 좋겠는가? 진정성 있는 가족으로, 참으로 아름답고 소중한 인연으로 그리고 가장 아끼고 사랑하는 존재로 인식한다는 것은 칭찬 중 극찬에 해당한다. 한마디로 사진 속 많은 이들은 이런 칭찬에 기분 업(up)되어서 입이 귀에 걸렸을 것으로 생각된다. 그리고 원고 교정에 도움을 준 장성고등학교 선생님들에게도 고마움을 표현하셨다. 대부분 이사장님이라면 내가 채용하였으니 교정 정도는 당연히 봐주어야 되는 것으로 치부했을 수 있다. 원장님은 "나의 글을 학생들의 숙제를 보아 주듯이 고치고 다듬어 주신 장성고등학교 선생님들"로 칭송하셨다. 칭찬은 고래도 춤추게 한다는 말이 있다. 장성고등학교 선생님들은 이사장님의 칭찬에 어깨가 들썩였을 것이다. 칭찬받은 선생님들은 더욱 열심히 학생들을 가르칠 것이다. 이처럼 서로 믿고 사랑하며 존중하는 관계에서 더 나아가 스승과 제자들도 정말 아름다운 인연으로 발전할 것으로 여겨진다.

광주시나 전라남도의사회 회장이나 향토문화개발협의회 만년회장뿐만 아니라 고창중고등학교 동창회장으로서, 장성고등학교 이사장님으로서 학생들에게 장학금 등으로 기부를 많이 하신 분이다. 나와 함께하는 선운산문학마당 창립총회가 있던 날에도 선뜻 인쇄비뿐만 아니라 팔순의 노익장을 과시하면서 진료를 보았기 때문에 회의에 참석지 못하면서도 우리들의 행사비용을 흔쾌히 내주셨다. 그야말로 훈훈한 정이요, 몸에 밴 기부의 자세일 터다.

젊은 시절 일요일마다 고향을 찾아가서 고창군민들과 어린이들에게 의료봉사를 하셨다. 가난해서 의료해택을 못 보는 군민들에게 의료봉사를 통해 꿈과 희망을 주신 분이다. 또한 5 · 18 때 병원 문을 열고 피로 물든 많은 학생들과 시민군들뿐만 아니라 부상당한 계엄군에게도 의료봉사를 하셨다. 내가 아는 이런 기부나 봉사 외에도 낮내지 않고 하신 일들이 훨씬 많을 것이다.

최근에는 가족이나 지인들과 함께 고향산천을 등산하시면서 자연의 섭리, 자연의 진리를 찾고 '아름다운 인연 행복한 만남'을 이루고 계신다. 특히 "우리는 산에서 조화와 지혜의 덕을 배우고 나도 살고 너도 살고 다함께 공존하는 지혜와 덕을 배운다. 삶에 있어서 우리 모두 서로 아끼고 사랑하자. 믿지 못할 사람을 믿어서 생기는 손실보다 믿을 만한 사람을 믿지 않아서 생기는 손실이 더 크다. 우리는 달팽이처럼 움츠리거나 마음의 문을 잠그고 살 수는 없다"라고 하였다. 서로 아끼고 사랑하는 만남에 대해 만나는 모든 사람을 깊게 만나고 뜨겁게 만나자. 그래야 큰 빛과 큰 힘이 나온다.

오늘도 원장님은 팔순의 나이에도 불구하고 여전히 의료봉사를 하신다. 환자들에겐 칭찬으로 힘을 주고 또 보이지 않는 기부를 하면서 진솔한 사랑을 실천하고 있다.

원장님의 저서를 통해 나는 그분의 자연주의 철학과 아름다운 인연, 행복한 만남이 무엇인지 이해할 수 있었다. 이제 나도 스치는 인연들과 더 깊은 인연 더 뜨거운 만남을 이루기 위해 소통의 폭을 넓혀야겠다고 다짐해 본다. 만나는 누구든 믿고 존경하며 열린 마음으로 대해야 되겠다. 세상을 더욱 맑고 아름답게 하는 보편적 가치와 정의로운 일에 힘을 보태야 되겠다.

반 원장님을 만날 때면 덕은 외롭지 않고 반드시 이웃과 함께 한다(德不孤 必有隣)는 말이 뇌리에서 맴돈다.

여름방학이 오면

"우하 선생님 계셔요?"

"누구요?"

"저 동옥입니다."

문이 열렸다. 방안으로 들어가 큰절을 올리고 그간의 안부를 물었다.

"오늘은 ≪선운산문학 3집≫ 출판기념회가 있어서 모시러 왔어요."

"좋은 애긴데…. 정신은 맑으나 허리가 많이 안 좋아."

우하 선생님은 장시간 앉아 있을 수 없다며 손사래를 치신다. 하루 중 운동은 아침에 기동하여 허리에 복대를 칭칭 동여매고 집 앞 길섶까지 다녀오는 것이 전부라고 하신다. 20m가 채 안 되는 거리다.

근황을 이야기하다 광으로 들어가더니 책을 한 권 꺼내 오신다. 신작 시집 ≪그냥 덮어둘 일이지≫다. 책장을 넘기신다. 펜을 잡은 손이 떨린다. 속표지 상단에 "임동옥 님에게/ 2013. 5.19./ 又下 서정태" 라고 쓰신다. 질마재 아래 작은 초가로 이거하여 노년을 홀로 지내는 우하 선생님께서 시집을 내셨다. 90수에 90편의 시를 상재하였다. 올봄 베스트셀러에 오른 바로 그 시집이다.

'시와' 출판사 최 사장님은 ≪미당 서정주 시선집≫을 출간하면서 만난 고마운 인연으로 우하 선생님을 상기하였다. 근자에 우하 선생님을 조르고 졸라 드디어 올봄 시집을 낸 것이다. '그렇게 살자'라는 권두언을 보았다. "90세에 혼자 생활하시는 시인의 모습이 제게 큰 깨달음이었습니다. 그 모습이 얼마나 근사한지요. 그 자체가 시입니다./ (중략) / 90세 시인은 어떤 마음이실까? 무슨 생각을 하시면서 하루를 보내실까?"라고 적었다.

우하 선생님은 나에게 물었다.

"종강은 언제 하나?"

"예. 6월 중순 지나면 합니다."

"그럼 그때 와. 내가 밥 한 끼 살게."

구순의 우하 선생님이 젊은 나에게 선뜻 밥을 사겠다고 하신다. 나는 '인세가 많지 않을 텐데.'라고 생각하면서 그렇게 하겠다고 대답했다. 참 고마운 일이다. 아들도 막내아들 같은 나에게 말이다. 내가 대접해야 마땅한 일인데 노신사가 먼저 제안하시니 정말 면구스럽다. 정이 철철 넘치는 말씀이다.

집에 돌아와 책장을 넘기면서 웃음 띤 맑은 영혼의 일상을 들여다본다. 〈낙서〉라는 시에 눈길이 멈춘다. "할 일 없이 따스한 봄날/ 뜰에 나와 앉아/ 낙서하다가 지우다가/ 지우다가 낙서하다가/ 지우다가 지우다가 하루해/ 보내고 있네." 시인은 참 한가롭다. 유유자적悠悠自適한 하루다. 먼 훗날 나도 시인의 오늘을 닮고 싶다.

이 글을 쓰는 오늘은 7월하고도 2일이다. 우하당은 장마가 오는 여름을 어떻게 보내실까 궁금하다. 혹여 툇마루에 앉아 영글어가는 해당화 열매를 보면서 무심한 젊은이를 들춰내 '들었다

놓았다 썼다가 지우다가' 하실지 모른다는 생각이 불현듯 스친다. 무심한 내가 송구스럽다.

우하당께서 '방학되면 오라' 하신 말씀에 화답했으니 나는 그 숙제를 해야 한다. 방학이 다 가기 전 꼭 찾아뵙고 맛있는 밥을 먹어야겠다. 내가 사 드리는 게 아니라 밥 사 달라고 졸라 봐야겠다.

"깡충깡충 뛰면서 여섯 살 손녀아이는 토끼보고 어딜 가느냐고 노래를 부른다// 연립주택 23평 방안에는/ 산과 들 강이 있고 꽃밭이 있다// 날이 궂어 도시 갈 데가 없어서/ 할아비는 좁은 방에서 누워 있는데/ 손녀아이는 별나게도 노래를 부르고 있다."

그분의 시를 읽노라니 문득 철없는 학생이 되어 응석을 부리고 싶어진다.

여자 나이 칠십에 산행이라니!

서산에 있는 청소년수련원에 갔다. 고○○이라는 분이 수련원 원장을 맡고 있었다. 원장은 수련원 주변에 분포하는 식물에 대해 궁금하다고 하면서 ≪여자 나이 칠십에 산행이라니!≫라는 책을 선물로 주셨다. 책을 펼치자 낯익은 산이나 장소들이 눈에 들어왔다.

수련원 주변을 산책하던 원장이 한 소나무를 가리키며 물었다.

"저 '일곱촛대소나무'를 잘 보전하려면 어떻게 해야 하나요?"

“소나무는 양수이니 북쪽에 있는 참나무는 살리고 남쪽에 위치한 나무는 제거하세요.”

“아하! 그렇군요. 많은 사람들에게 답을 구했지만 아직껏 속 시원한 답을 얻지 못했어요.” 원장은 보호수인 살구나무 아래 걸음을 멈추고 담소를 이어갔다.

“산과 강이 주는 메시지가 큰 것 같습니다. 산은 나의 한계를 시험하여 경외의 마음을 자아내게 하고 힘든 산행은 스스로 마음을 내려놓게 하는 시험대가 되는 것 같습니다.”

“원장님의 책 속에 나오는 하이원 리조트가 있는 강원도 고한의 백운산은 스키장을 만들기 전에 제가 생태계 조사를 했던 곳이에요. 함백산과 태백산 그리고 청옥두타가 파노라마처럼 펼쳐지네요. 경상도 전라도 그리고 제주도 외돌개까지 과거의 추억을 명징하게 상기시켜 주는 옥고에 감사를 드립니다. 많은 곳이 제가 머물렀던 곳들이어서 편편이 상념에 잠기게 하니 더욱 감흥이 입니다.”

“대학원 재학 시절에 천왕봉에 갔었는데 70세 된 신사분이 우리와 함께 갔었어요. 천왕봉에서 가이드가 점심을 먹으면서 산상기도를 하였답니다. 잠시 머뭇거리더니 본인에게도 기도의 시간을 달라고 청하더군요. 기도 중에 여행사에 신청할 때 나이를 속였노라고 실토하셨어요. 천왕봉을 오르려고 모악산, 대둔산, 마이산 등 전주 인근 산들을 등산했대요. 다음에는 한라산 백록담까지 가시겠다는 포부를 밝혔었어요. 그 말씀을 들으면서 존경스럽고 어깨에 힘이 들어갔던 기억이 새록새록 납니다. 그런데 그분의 하산이 늦어지는 바람에 차 안에서 한밤중까지 기다렸던 기억도 나네요."

"이렇게 아름다운 곳에 멋진 시설을 만들었으니 참 좋으시겠어요. 저는 수련원의 풀과 나무들의 이력을 찾는데 재능 나눔 봉사를 해 드리겠습니다."

그후 원장은 우리 일행에게 넘치는 후대를 베풀어 주었다. 덕산 온천 스파에서 쉬도록 마련해 주었고 간월도에서 저녁식사까지 해결할 수 있도록 후의를 베풀어 주었다. 함께 간 학생들은 횡재를 했다며 입이 벌어졌다. 바쁜 일정임에도 불구하고 우리에게 베풀어주신 원장님의 온정은 큰 울림이 되어 긴 여운으로 남아 있다. 한편 참 염치없는 일을 하였구나, 싶지만 원장님이 전라도에 오시면 나도 기꺼이 환대하리라는 마음으로 위안을 삼았다. 새삼 만나는 인연들에게 더 많이 베풀며 살아야겠다는 다짐을 하게 되었다.

남자도 어려운 산행을 여자 나이 칠십에 산행이라니, 놀라운 일이다. 70에 한 권의 기행 도서를 펴냄으로서, 독자가 산을 찾고 산을 사랑하고 산을 즐기게 하는 책. 얼마나 멋진 일인가. 산행수필은 그야말로 한 걸음 한 걸음 발품을 팔지 않고서는 쓸 수 없는 육필원고인 것이다.

서문 말미에 적으신 "얼마 동안 일을 그만두고 홀가분한 마음으로 나만의 소중한 시간을."이라는 글을 통해 그분이 추구했던 자유와 희망과 피안을 엿본다. 고 원장님은 충분히 가능한 일이요 이미 실행하고 있다고 본다. 늘 편안한 마음으로 더욱 건강하시어 팔십에도 여여如如한 산행을 계속하시길 바란다.

늦었지만 ≪여자 나이 칠십에 산행이라니!≫라는 기행수필집 출간을 두 손 모아 앙축합니다.

아직은 청춘

회의를 마치고 연구실로 돌아왔더니 반가운 제자가 기다리고 있었다. 스승의 날도 다가오고 쉬는 날이라 교수님 생각이 나서 왔다고 했다. 그러면서 내 키만 한 물건을 내밀었다. 뭐냐고 물으니 '죽부인'이라고 했다.

여전히 청춘인 줄 알고 살고 있건만 제자는 나를 실버세대로 여긴 모양이다. 교직에 있으면서 20대와 어울려 사니 늘 젊은 줄로 착각했다. 그러나 어느 날부터 학부형들이 내 나이보다 젊다는 사실을 알게 되었다. 순간 세월의 무상함을 느꼈다. 딸은 나만 보면 채근했다. “아빠 염색 좀 해.” 나는 웃음으로 답했다. 속으로는 앳되어 보인다는 생각으로 염색을 하지 않고 있던 터였다.

제자에게 죽부인 선물을 받고 혼자 사는 것을 들킨 기분이었다. 아내가 올 3월 타 지역 도교육청으로 전근해서 주중에는 혼자 지냈던 것이다. 아직은 월화수목 어느 밤도 외롭지 않지만 가끔 밤이 허전할 때도 있었다. 이제 동침할 죽부인이 생겼으니 외로운 밤 걱정은 안 해도 되지 싶었다. 그뿐인가. 출근길이나 귀가길이 외롭지 않을 터였다. 출근길에 ‘다녀올게!’ 퇴근길에 ‘잘 다녀왔어!’ 말을 던져 볼 수 있을 테니 말이다. 또한 밤이면 그녀와 놀아볼 참이다. 내 마음대로 안아도 보고 다리도 걸쳐 보면서.

생각지도 못한 죽부인 대령에 감사할 따름이었다. ‘석~아, 고맙다.’ 선물을 받는다는 것은 참 기분 좋은 일이다.

살면서 즐거운 일은 내가 좋아하는 일을 하는 것이요. 또 내가 한 일을 남이 함께 좋아해주면 가장 즐거운 것이다. 나와 너 그리고 우리가 모두 좋아할 수 있는 일은 칭찬이요, 기부요, 봉사라고 한다. 칭찬은 상대를 기분 좋게 하는 근본이요, 기부는 나의 마음을 살찌게 하며, 봉사는 사회를 윤택하게 하는 요소다. 낯내는 기부나 봉사도 좋지만 숨어하는 기부와 봉사는 더욱 아름답다. 이 세 가지는 생각하기는 쉽지만 실천은 무척 어려운 것이다. 제자의 선물을 받고 나니 더 깊고 넓은 연구를 해서 제자들에게 많은 지식과 사랑을 듬뿍 전해주어야겠다는 의욕이 생겼다.

올여름은 유난히 더웠다. 낮에는 찜통더위요 밤에는 열대야였다. 하지만 죽부인 덕에 열대야가 두렵지만은 않았다. 그녀는 말이 없지만 최대의 배려를 할 줄 알았다. 열 받기 쉬운 여름밤에도 화를 내지 않았다. 물론 잔소리도 안 했다. 끌어안아도 덥다고 투덜대지 않고 늘 시원한 밤을 선물해 주었다. 언제나 곁에서 다소곳한 자태를 보였다. 어찌 고맙고 어여쁘지 않으리.

가끔 죽부인을 밀치고 잘 때도 있다. 아직은 젊다고 항변해 보는 것이다. 난 아직 청춘이고 싶다.

6부

사이

둘 사이에 바다가 놓이면 쓰라리고, 강물이 가로막으면 안타깝고, 찻잔 사이에는 밀어密語가 쏟아지는가. 적절한 간격이 유지될 때 서로 사귀는 사이인 터수가 된다. 멋진 간격은 사랑하는 마음을 키운다. 사랑하거든 먼저 다가서라고 하지 않던가. 적당한 간격이 나무와 나무를 잘 자라게 하듯 사람과 사람 사이도 마찬가지다.

장수시대

환갑이 코앞이다. 거울을 본다. 머리는 반백이다. 잔주름은 깊어만 간다. 무릎관절은 건조 증상을 느낀다. 나는 얼마를 더 살 수 있을까 자문해 본다. 장수시대라고 보험회사 직원은 '백세 보험'을 설계해 준다. 보험약관을 손에 쥐고 과연 그때까지 살 수 있을까, 운전은 언제까지 해야 될까 궁금증이 인다.

정초에 문학 동인 몇 분과 만났다. 구순을 넘긴 '우하' 선생께서 "추호도 죽고 싶은 마음이 없다."라고 하신다. "요즈음 몸은 불편해도 영혼은 더욱 맑다."라고 덧댄다. 장형님들도 그 말씀에 맞장구를 친다. 그러니 노인들 "어서 죽어야 해!"라는 말씀은 새빨간 거짓말이다. '웃찾사'에 나오는 코미디 프로를 보라. "~해서 죽겠네." 하면 저승사자가 꼭 나타난다. 그때마다 "나는 뭐든지 할 수 있어." 하면서 힘이 있다고 항변을 한다. 오래 살고 싶은 욕망을 잘 보여주고 있다.

'9988' 99세까지 팔팔하게 살자. 99세는 정년 후 40여 년을 더한 나이이다. 정년은 앞당겨지고 수명은 늘어나니 스스로 버터야 할 기간은 길어져만 간다. 그러나 유한한 게 수명이다. 인간에게 신이 주신 고귀한 선물은 '망각'과 '죽음'이다. 망각은 기억회로가 망가져서 기억을 못하는 것이고 어떤 사실을 잊어버림이며 뇌신경계의 헐거움이다. 반면 죽음은 뇌세포의 기능정지요 심장이나 근 골격계가 완전 멈춤이며, 생生을 마감한다는 말이다. 오래사는 것도 중요하지만 사는 동안 몸의 기능과 정신 기억이 건재하면 얼마나 좋겠는가. 둘은 한몸 안에서 각각 다르지만 함께 하는 유기적인 관계다. 누구나 학습한 내용과 경험을 오래 기억하길 바라고 수명은 최대이기를 바란다. 그러나 기억력과 장수는 마음대로 되지 않는다.

난센스 퀴즈다. 장수를 하려면 무엇을 많이 먹어야 되는가? 답은 '나이'다. 인간은 실낙원에서 쫓겨나면서 수명이 매우 짧아졌다. 성서에서 아담은 930세, 무드셀라는 969세까지 살았는데 모세는 120세, 다윗은 70세밖에 살지 못했다.

우리나라 평균수명은 1960년대는 52.6세, 1970년에는 61.9세, 2015년은 81.4세다. 1945년 영국의 의사 플레밍이 항생물질인 페니실린을 발견했다. 페니실린 덕분에 인간은 평균 수명이 20년이나 늘어났다. 보건복지부 통계에서 암이나 성인병에 걸리지 않은 환갑인 사람은 100세까지 살 것이라고 한다. 이유는 60년 동안 살아온 생활 습관이 좋았고 현 의료혜택으로 장수한다는 거다. 또 2015년 출생자는 142세까지 산다. 노화억제 물질인 '라파마이신'의 혜택이란다. 텍사스 대학교 헬스사이언스 연구팀은 라파마이신을 투여한 쥐가 평균수명이 1.77배, 즉 27개월에서 48개월로 늘어났다고 〈타임〉지에 발표했다. 이를 적용하면 현재 수명, 80세에 1.77을 곱하면 된다. 바로 141.6세다. 결국 142세까지 살게 된다.

그렇다고 누구나 오래사는 것은 아니다. 장수시대에 명심할 게 하나 있다. 조선시대 519년 동안 27명의 임금이 통치하셨다.

평균 수명은 47세였다. 명의와 명약 그리고 진수성찬이 집중된 왕실에서 왕들이 일반 대중들보다 '왜 단명했을까?'를 잘 살펴야 될 것이다.

'태정태세문단세….' 역대 왕들을 되뇌며 남은 생을 어떻게 살 것인가 곱씹어 보았다. '백세보험'을 설계해준 직원의 '기도발~'로 살 게 아니라 욕심은 내려놓고 마음은 비우며 함께 더불어 잘 움직이는 날을 꿈꾸며 기지개를 켜 본다.

사이

지구 나이 46억 년이란 시간, 원자와 우주 사이 그리고 너와 나의 관계.

사이는 시간의 산물이다. 시간은 움직인다. 사이는 '동안'이고 '틈'이고 '새'다. 둥근 원을 12등분한 숫자 사이를 돌고 도는 게 시곗바늘이다. 시침과 분침은 과거를 지우고 미래로 다가가지만 항상 현재를 가리킨다. 시계는 매일 우리를 지켜보고 있다. 어떻게 살아가는지, 시간 관리는 잘하는지 못하는지. 시간 사이는 자유로워서 과거, 현재, 미래 중 하나이기도 하고 모두를 아우르

기도 한다. 사이는 유기체같이 하나로 포개면 점같이 순간이다가 이 점들을 잇고 이으면 무한대인 억겁이 된다. 시간은 순간과 순간을 모아, 개인에게는 생의 이력履歷이 되고 나라는 역사歷史가 된다.

사이는 간격의 산물이다. 한곳에서 다른 곳까지의 거리이고, 원자와 우주 사이의 공간이다.

"당신과 나 사이에 저 바다가 없었다면 쓰라린 이별은 없었을 것을."

둘 사이에 바다가 놓이면 쓰라리고, 강물이 가로막으면 안타깝고, 찻잔 사이에는 밀어密語가 쏟아지는가. 적절한 간격이 유지될 때 서로 사귀는 사이인 터수가 된다. 멋진 간격은 사랑하는 마음을 키운다. 사랑하거든 먼저 다가서라고 하지 않던가. 적당한 간격이 나무와 나무를 잘 자라게 하듯 사람과 사람 사이도 마찬가지다.

사이는 관계의 산물이다. 밀월 관계는 사랑과 생명을 낳는다. 생명은 하늘에서 '툭!' 하고 떨어지는 것이 아니다. 나도 사이의 산물이다. 아버지와 어머니 사이에서 태어났다. 다시 말하면 사이를 뚫고 들어간 유전자가 짝을 만나 형질 발현을 하여 틈을

비집고 나온 게 바로 나다. 제아무리 사이가 좋다는 부부도 몸은 떨어져 있다. 둘 사이에 틈이 있다는 말이다. 말과 생각과 행동도 차이가 있다. 이렇듯 부부관계는 서로 떨어져 있으면서 맞닿아 있고, 맞닿아 있으면서도 독립된 개체로 존재한다. 부부는 사랑하는 자유를 가진 사이다. 금슬 좋기로 소문난 부부도 사랑은 조심스럽게 다루어야 한다. 강상중은 ≪고민하는 힘≫에서 말했다.

"사랑하는 자유를 얻게 되면 사랑으로부터 점점 멀어지는 마법이 그곳에 존재한다."

사랑의 자유는 묘하여 긴장감에서 벗어나려는 에너지가 흐른다. 자유로울수록 사람들은 가끔 긴장이 풀리고 방향 감각을 잃을 때 곤란함을 동반하기도 한다. 이를 '자유의 역설'이라고 한다.

역사든 우주든 인간관계든 서로서로를 상생시키는 사이가 필요하다. '모모'처럼 시간의 원천을 경험하고 조화로운 간격과 유기적인 관계가 필요하다. 사이가 조화롭고 원만할 때 힘이 솟고 안전하며 신념에 찬 세상이 된다. 너와 나 사이에도 아름다운 말과 사랑스러운 눈빛과 믿음이 필요하다. 이럴 때 서로 간에 심장이 쿵쿵거리는 '심쿵' 하는 사이가 되는 법이다.

자유의 역설이 합리화되지 않도록 자유를 자유케 하기 위하여 오감五感의 현絃을 타보자. 간격이 있는 사이일지라도 심장이 쿵쾅거리는 '심쿵' 하는 울림이 있도록.

백비 앞에서

제주도에는 250만 년 전부터 여러 차례의 화산 활동으로 한라산 백록담과 더불어 358개의 오름이 생겨났다. 제주도 어디를 가도 발부리에 차이고 눈에 밟히는 것이 현무암이다. 그러나 제주도 4·3평화공원에는 제주도 돌멩이와는 전혀 다른 화강암 한 덩어리가 뎅그러니 놓여 있다. 바로 백비다. 누가, 왜 저 돌을 여기에 가져다 놓았는가? 어떤 까닭에 글 하나 새기지 못했는가? 세우지도 못한 사연은 무엇인가?

돌의 무게만큼 마음이 무겁다.

오호! 슬프도다. 숨비소리 같은 한이 느껴진다. 전율이 흐른다.

백비! 글은 없는데 언어 이상의 메시지를 전한다. 우리나라에는 박수량, 조봉암 선생과 정병주 장군의 백비가 있다. 이중 조선 중기 명종 때의 문신 박수량 선생의 백비가 으뜸이다. 선생은 당시 38년간 관직에 있었으나 서울에 집 한 채 없이 청백淸白했다. 그의 백비는 죽어서도 청백을 지키려는 의도였다는 설과 죽을 무렵 세도의 폐해가 극심해 그 불의에 저항하기 위함이라고도 한다. 백비 레지스탕스는 선비정신의 표본이 되어 선생의 백비는 현재 고위 공직자 연수 과정에 현장학습 코스가 되고 있다고 한다. 제주도 4 · 3평화공원의 백비는 선비정신과는 거리가 멀다. 풀지 못한 한이 서린 백비다. 제주 4 · 3사건은 '봉기, 항쟁, 폭동, 반란, 사건, 사태' 등으로 다양하게 불릴 뿐 아직도 올바른 역사적 이름을 얻지 못하고 있다. 브리태니커 사전에는 "1948년 4월 3일 미군정 치하에 있던 제주도에서 발생한 사건"으로 규정하고 있다. 정의치곤 뭔가 애매하다.

독립을 위해 기미년 3월 1일 '대한민국독립만세!'를 외치던 절규는 백두산을 타고 넘어 드디어 3월 13일에는 만주벌 용정에까지 번졌다. 이때 희생된 열사들의 뜻을 기리기 위해 우리나라에는 독립기념관이 건립되었고, 용정에는 당시 희생된 13위의 위령비가 건립되었다. "삼 · 일삼반일의사능三 · 一三反日義士陵." 이 비는 이국 땅에 굳세게, 늠름하게 서 있다. 역사의 이름으로 서 있다.

제주도에서도 3 · 1절 행사가 매년 진행되었다. 특히 3 · 1절 28돌을 맞는 1947년 "3 · 1절 기념집회 과정에서 미군정 경찰이 제주도민들에게 발포하여 6명이 사망하였다. 이 사건 이후 제주도에 침투, 암약하던 남조선 노동당의 사주에 의한 제주도민들과 미군정 및 우파 세력과의 갈등은 걷잡을 수 없이 악화되었다. 갈등은 경찰과 서북청년단 등이 제주도민에 대한 탄압으로 더욱 증폭되었다. 이러한 탄압에 대항하여 제주도민들이 1948년 4월 3일을 기해 일제히 봉기했다."고 사전에 기술되어 있다. 7년 동안 서로 밀고 당기는 힘겨루기가 진행되었고 제주도 민심은 강퍅하게 되었다. 한마을 주민들끼리 서로 의심하는 편향된 눈초리를 보낸 나날이었다.

제주의 한 할아버지는 "밤엔 죽창, 낮에는 총탄, 말도 안 되는 정말 웃기는(?) 일이 일어났다"라고 증언하고 있다. 이 사태를 수습하는 과정에서 "제주도에 파견된 4·3 진압부대가 한라산을 벗삼아 초근목피로 살아가던 무고한 양민을 수없이 학살하였다. 또한 중산간 마을사람들은 한라산 숲 속에서 숨어 지냈다는 이유 하나만으로 시시비비도 가리지 않고 젊은 남자들을 처형하기도 했다."라고 전했다. 듣는 순간 가슴 복판이 먹먹하다. 단적인 예로 명절날처럼 '마을 단위로 같은 날에 제사를 지내는 집이 많다.'고 한다. 이는 마을마다 젊은 남자들이 한날 한시에 무더기로 희생당한 결과다.

일에는 인과응보가 있기 마련이다. 원인이 있으니 결과가 있는 법이다. 제주 4·3의 진실은 무엇인가 자문해 본다. 본말이 전도된 제주 4·3사건! 아직도 현재진행형이다. 만약 부부가 다투었다면 '칼로 물 베기'하면서 그 갈등 요인을 해결하면 될 터인데, 마치 홧김에 집을 홀랑 불태워 버린 격이다. 토끼눈을 가진 순진무구한 어린아이들이 무슨 죄가 있다고. 이것이 4·3의 진실이고 결말일 것이다.

백비 앞에서 '분단의 시대를 넘어 남과 북이 하나가 되는 그날, 진정한 4·3의 이름을 새길 수 있으리라'라는 메시지를 음미해 본다. 남과 북이 하나가 되려면 힘을 합쳐야 한다. 다시는 열강에 의해 둘로 나뉘어 우리의 가슴 찢기는 일 없어야겠다. 4·3 당시처럼 "말도 안 되는 정말 웃기는(?)" 분열을 해서도 안 되겠다. 서로 힘을 합쳐야 되는 이유를 찾아야겠다. 국민도 힘을 하나로 결집시키고, 여와 야도 이합집산이나 발목 잡기가 아닌, '칼로 물 베기'를 하는 상생의 정치를 모색해야 되겠다. 민주국가는 법과 질서를 유지하고, 힘 있는 정부를 만들고, 정의로운 사회를 만들어야 한다. 그렇다고 체제 유지만을 위해 정의가 왜곡되고, 약자가 희생당하고, 인권이 유린되어도 안 된다.

하루빨리 통일된 나라, 세계를 선도하는 힘 있는 나라가 되어 백비에 이름을 새기고, 희생된 영령들의 인권이 회복되면 좋겠다. 너와 나, 우리 모두 백비 앞에서 무거운 마음 내려놓을 수 있는 그날이 오길 소망한다.

기회의 땅

전국의 농민 회원들이 탄 트랙터와 트럭들이 2016년 11월 26일 광화문 광장의 시위참여를 위해 상경을 시도했다. 경찰과 트랙터를 탄 농민이 도로에서 서로 대치했다. 뉴스에서는 팽팽한 대치사진과 함께 안성과 평택 도로가 극심한 정체를 빚었다는 소식을 내보냈다. 트랙터 앞에 걸린 피켓에는 "대통령 퇴진"이라고 쓰여 있었다.

꾸역꾸역 광화문 광장으로 모여드는 인파를 보면서 어쩌다 이렇게 되었는지, 성난 민심의 원인은 무엇인지 묻고 싶었다. 서울은 과연 기회의 땅인가, 희망의 땅인가, 절망의 땅인가. 서울은 분명 기회의 땅이라고 생각해 보았다. 현재 고향 친구들도 8할은 오래전에 상경하여 서울과 경기도에서 살고 있다. 서울특별시 인구변화 통계를 들여다보았다. 1950년에 1,437,670명, 1960년에 2,445,402명, 1970년에 5,525,262명, 1980년에 8,350,616명, 1990년에 10,603,250명, 2000년에 9,853,970명이었고 2015년에는 10,103,222명이다. 6 · 25전쟁을 치르고 그 상흔이 가시면서 1980년대까지 매 10년마다 약 2배씩 증가하여 현재는 천만 명이 사는 거대 도시가 되었다.

지구상에서 기회의 땅이라고 일컬어지는 곳들을 생각해 보았다.

성경에 나오는 가나안 땅은 "젖과 꿀이 흐르는 땅"이라고 부른다. 요단강 서쪽의 모든 지역을 말하고 오늘날 팔레스타인 지역으로 물이 풍부하고 토지가 비옥하여 양 떼가 젖을 내고 꽃이 많아 꿀을 얻을 수 있는 땅이다. 가나안 땅은 하나님께서 선택하신 약속의 땅이요(신11:9), 영적으로는 우리가 소망하는 천국을 의미하는 땅이기도 하다.

로마제국은 기원전 7세기에 이탈리아 반도의 중부에 세운 도시국가에서 발흥하여, 로마 시市를 중심으로 이탈리아 반도와 지중해 전체를 지배했던 고대 서양 최대의 제국이다. "모든 길은 로마로 통한다."는 말처럼 로마제국은 군사상의 필요에 따라 로마와 이들 식민지를 잇는 도로를 만들었다. 2000년이 지난 지금까지 그 도로를 사용하고 있다.

영국은 내연기관을 발명하여 방적기계를 돌려 산업혁명을 이끌었다. 런던이라는 거대도시를 만들었고 세계 도처에 식민 국가를 두었다. 다시 그 힘은 미국으로 넘어가 민주주의의 승리를 이끌었고 오늘날 제4차 산업혁명시대를 주도했다.

왜 서울, 가나안, 로마, 런던, 미국이 기회의 땅이 되었을까. 기회란 인간이 어떠한 일이나 행동을 하기에 가장 적합한 시기이고, 기회의 땅은 그런 장소를 말한다. 창의성을 가진 인간이 각 시대를 발전시킬 수 있는 걸작이 기회요, 그 걸작으로 부가가치를 높이려고 모여든 도시나 국가가 기회의 땅인 것이다. 유목시대의 기회는 평원과 초원이었고 제국시대의 걸작은 기마騎馬였다. 산업시대의 동력은 내연 기관이었고 컴퓨터와 인터넷이었다. 원하는 물건을 붕어빵 굽듯 계속 만들고 자동화를 통해 대량생산을 하면서 정보화시대를 거쳐 현재는 인공지능이나 사물인

터넷이 주도하는 제4차 산업혁명시대에 이르렀다.

꿈을 찾는 도구는 생각과 상상이고 꿈을 구체화시키는 것은 판단과 실행이다. 임진왜란 때 기회는 지략智略과 용심勇心을 가진 이순신 장군 자신이었고 기회의 땅은 울돌목이었다. 선조께서 이순신 장군에게 해군이 형편없으니 육군으로 가라 명하였지만 장군은 임금님에게 소訴를 올렸다. '상유십이尙有十二 미신불사微臣不死.' 저에게는 12척의 배가 있고 미천한 신하 아직 살아 있습니다. 저는 수군으로 남겠습니다. 장군이 다시 전열을 정비하고 최고의 요새를 찾고 찾은 곳은 울돌목이었다. 슈퍼 문(super moon)이 뜨는 날을 디데이로 삼아 가장 거센 물살을 이용하여 대승大勝을 거뒀다. 장군은 승전보로 '약무호남若無湖南 시무국가是無國家'란 말을 남겼다. 호남 땅 바로 울돌목이 없었더라면 국가도 없었을 것이라고 말이다. 울돌목은 이순신 장군이 찾은 기회의 땅이요 한국을 살린 구국의 땅이다.

트랙터를 탄 농민들의 시위는 무산되었지만 주말마다 수십만, 백만 명의 인파가 광화문 광장에서 촛불을 들고 "○○○ 즉각 퇴진"을 외쳤다. 시위는 평화적 행진 속에 진행되었다. 나는 거기서 절망이 아니라 희망의 등불을 보았다. 평화로운 촛불시위는 대한민국의 시스템이 아직 살아 있는 증거라고 말하고 싶었다. 특히 정의를 갈구하고 보편적인 진리를 위해 분노할 줄 아는 사회에는 희망이 있다고 믿고 싶었다.

정치를 하는 나리님들이나 광장에 모인 국민들은 모두 성웅 이순신 장군과 같은 생각과 실천을 했으면 좋겠다. 세계로 웅비하는 대한민국, 국운이 융성하는 나라가 되기를 기도하고 서울이 영원한 기회의 땅으로 거듭 꽃피울 수 있기를 기대해본다.

기후 변화

요즈음은 열대야로 잠 못 이루는 일이 일상이 되었다. 게릴라성 폭우에 극심한 가뭄 또한 드물지 않은 현상이 되었다. 2005년과 2010년에는 폭설이 내려 〈한계령을 위한 연가〉나 오탁번의 〈폭설〉을 생각나게 했다. 삼한사온三寒四溫 중 삼한이 사라졌고 평균 온도는 계속 상승 중이다. 이 모두 기후 온난화요 이상기후 현상이다.

영국에서 석탄으로 내연기관에 불을 때서 방적기계를 돌리던 날부터 굴뚝에선 검은 연기가 하늘로 치솟았다. 산업혁명이라는 이름으로 최근까지 날려 보낸 연기가 대기를 오염시켰다. 지구로 들어온 햇빛은 복사해서 우주로 되돌아가야 하는데 그 귀향길을 스모그가 막아 버렸다. 퇴로 없는 복사열은 상공에 머물며 지구를 데워서 기후 온난화를 초래했다. 기후 변화는 지구촌 생태계를 교란시키고 우리 인간사에도 많은 영향을 미친다. 기후 변화에 관한 시나리오는 100년간 0.6℃ 상승하였고 최근 10년간 약 0.3℃의 기온 상승을 예측하고 있다. 지난 과거 1만 년 동안 관찰되지 않았던 상승률이다.

개구리가 들어 있는 솥에 불을 지피면 자신도 모르게 헤엄치다가 죽어가듯 150여 년간의 온실효과는 야금야금 많은 생물들을 멸종으로 내몰았다. 갑자기 더워지면 옷을 벗거나 에어컨을 켜듯 온도가 상승하고 건조하게 되면 생물들은 변화된 환경에 견디든지, 죽든지, 살 만한 장소로 이동하든지 스스로 적응하지 않으면 안 된다.

식물들은 발이나 날개가 없어 이동할 수 없으므로 온난화가 계속되면 일부 식물들은 멸종하게 된다. 2050년에 평균 기온이 약 1℃상승하면 현 위치의 식물은 80㎞나 북방으로 이동해야 살 수 있다는데 식물들의 이동능력은 종자의 산포散布능력에 의

존하므로 보통 이동 능력은 연평균 10~100m로 추정한다. 온난화가 현재 속도로 계속 진행된다면 식물은 매년 2.2km 이동해야 하는데 고작 100m 정도만 이동할 수 있으니 문제가 큰 것이다. 어떤 식물이 이동을 못하여 죽게 되면 그 식물이나 숲에 의존해서 사는 동물도 영향을 받게 된다. 많은 식물 종들이 기후변화에 적응하지 못하고 사멸하면, 이 식물을 먹이로 하는 생물생태계는 파괴되고 만다.

기후 온난화로 생물생태계가 가장 크게 영향을 받는 지역은 남극이나 북극에 가까운 고위도 지역이다. 북극 지역의 황원이나 동토 산림의 약 20%가 감소될 것으로 예측한다. 특히 지구촌의 삼림은 5,700만km²인데 이중 약 35%가 온난화에 의해 훼손되거나 교란될 것으로 추정하고 있다. 온난화는 지구적인 강수 패턴도 변화나 증발산 양을 증가시켜서 북아프리카나 중근동 지역의 대초원이 급속도로 사막으로 변할 것으로 예측한다. 기후 변화에 따라 해수면이 상승되면 연해의 육상 자연생태계에 악영향을 미치게 된다. 해수면 상승이 클 경우 열대 해안가 맹그로브 숲이나 온대에서 아한대의 연안저습지의 생태계는 소실될 우려마저 있다. IPCC 시나리오대로 2,100년에 해수면이 5.4m 상승하게 된다면 세계 인구 20%가 살고 있는 해안 도시에는 뉴올리언스의 카타리나나 일본 후쿠시마 쓰나미 같은 재앙이 올 수 있다.

결국 적응과 이주의 능력이 없는 종들은 극심한 환경 변화에 대처하지 못해 멸종 위기에 처하거나 소멸하게 될 것이다. 예측된 기후 변화는 식생에 미치는 악영향뿐만 아니라 동물들의 생육이나 인류의 활동에도 심각한 문제를 초래할 것으로 본다.

기후 온난화는 인간이 만든 재앙으로 알려졌다. 기후 온난화를 막으려면 대기 중 이산화탄소의 양을 줄여야 한다. 화석연료의 사용은 줄이고 태양에너지 같은 청정에너지를 전기에너지로 바꾸어서 이용해야 된다는 것이다. '뜨겁고 붐비고 평평한' 지구, 온난화 세상이 아닌 시원하고 한가롭고 산 높고 계곡물 흐르는 청정한 지구에서 살고 싶다.

청정에너지를 이용하고 친환경 먹거리를 먹고 사는 편안한 미래를 꿈꾸며.

※ IPCC: 기후변동에 관한 정부 간 패널

위기의 중년

여배우의 자살과 유서에 관한 소식이 TV 화면을 가득 채우고 있다.

"남자들이란!"

아내가 곁에서 내뱉는 토막말. 못 들은 척 TV 모니터만 바라보았다. 나는 딱히 할 말이 없다. 자살! 더는 돌이킬 수 없는 선택이다. 사람들은 억장이 무너지는 일 앞에서 분노하고 우울증에 빠지고 때론 극단적인 행동을 하기도 한다.

지금까지 그녀의 자살 원인이 밝혀지지 않아 세상이 온통 시끄럽다. 가진 자들이, 힘 있는 자들이 배후일 것이라는 설만 무성할 뿐이다. 죽은 자는 말이 없고, 메모지에 적힌 자들은 침묵하고 있다. 현재로선 법정의 결과만 기대할 수밖에 없다.

죽음의 원인에 앞서 인간의 욕구를 들춰봐야 할 것 같다. 마치 여자들이 어제 옷을 샀는데 오늘 입을 옷이 없다며 외모에 신경을 쓰는 것처럼 남자들은 금기의 사랑에 목을 매는지도 모르겠다. 이것이 남녀의 차이요, 속성의 차이다. 속성이란 사물의 특징이나 성질로 정의되고 철학에서는 사물의 현상적 성질을 말한다.

동물은 성숙하면 짝을 찾게 된다. 성적인 욕구다. 남성은 테스토스테론 분비가 많고 여성은 에스트로겐 분비가 많다. 호르몬의 차이로 인해 수컷은 씨앗을 뿌리고 암컷은 받아들이는 속성이 있다. 하나는 공격적이고 하나는 수동적이다. 이들은 종족보존과 유전적 다양성 획득에 근거한다. 수컷은 자신을 닮은 개체를 많이 만들려는 본능이며, 암컷은 우성 유전자를 가진 자손을 얻으려는 적자생존 전략 수립에 있다고 할 수 있다. 이런 속성 때문에 어떤 생물이든 우수한 짝을 찾기 위해 많은 에너지를 소모한다. 인간은 더욱 그렇다. 파트너 이외의 또 다른 짝을 찾아 나서는 경우도 있다. 이런 외도 속성은 '쿨리지 효과'로 설명되곤 한다.

이 쿨리지 효과란 미국 대통령 부부 일화에서 유래되었다. 대통령 부부가 양계장을 시찰하던 중 수탉이 암탉 위에 올라가 교미하는 광경을 보게 되었다. 영부인은 잠자리에 대한 불만을 일깨워줄 생각으로 농장주에게 "저 수탉은 매일 암탉을 안아주느냐?"고 물었다. 주인은 "예."라고 답했다. 이 말을 대통령께 알려드리라고 했다. 그 말을 전해들은 쿨리지 대통령은 양계장 주인에게 "저 수탉은 저 암탉만을 거느리느냐?"고 묻자. 주인은 "그렇지 않습니다."라고 하였다. 대[illegible]은 그 말을 부인에게 알려주라고 했다. 이렇듯 쿨리지 [illegible]숙한 내 사람이 아닌, 새로운 파트너에 대한 기대와 [illegible]분 그리고 짜릿한 동물적 외도심리를 일컫는다.

많은 소설에도 사랑 이야기가 들어 있다. 빗나간 사랑 이야기는 너무도 많다. 얼마 전 아내와 함께 〈노트르담 드 파리〉 뮤지컬을 보았다. 집시 여인 에스메랄다를 중심으로 벌어지는 사랑 이야기다. 페뷔스(집시)는 에스메랄다를 잠시 사랑했으나 배신하고 만다. 그에 반해 에스메랄다는 페뷔스에게 죽음도 불사하는 순애보 같은 사랑을 바란다. 콰지모도(곱추)는 에스메랄다에게 무조건적인 사랑을 바치고 성직자인 프롤로(신부)는 금기의 사랑을 좇는다. 마치 우리나라 춘향전에서 춘향이가 숙청 들기를 바라는 변 사또의 구애와 같았다. 다윗도 불혹의 나이에 밧세바를 범했다. 설정된 드라마 〈스캔들〉은 어긋난 사랑투성이다.

최근 우리나라에도 유혹의 손길에 굴복하는 위기의 중년이 많다고 한다. 늦게 찾아온 외도 문제로 가정이 파탄되기도 한다. 빗나간 사랑에 빗장 걸리면 끝장이다. 요즈음 여인들도 일탈이 심하다고 한다. 애인 없는 아줌마는 장애인이라고 비아냥대는 시류의 풍자도 있다. 연하남과 사귀면 금메달, 동갑남과 사귀면 은메달, 연상남과 사귀면 동메달, 그도 저도 없는 사람은 '목메달'이라고 한다.

화려한 메달보다 매일 동일한 곳을 함께 바라보는 동반자가 보석이다. 바꾸어 보았자 그분이 그 사람이다. 평범해 보이는 내 배우자가 보물이다. 곁에서 종알대는 미운 오리가 알고 보면 우아한 백조인 것을 알아야 한다.

상대의 억장이 무너지게 하는 일을 삼가야겠다. 우울하게 해서도 안 되겠다. 상대를 위한 배려가 기쁨의 에너지요, 행복의 조건이다. 남자들이여! 그래도 종족 보존을 위해 질펵이겠는가? 여인들이여! 유전적 다양성을 위해 곱게 빗질을 하겠는가? 누구의 유전자가 문제인가? 어떤 속성이 화근인가?

오늘의 뉴스를 질타하면서도 고놈의 Y유전자가 사랑의 동아줄을 잡고자 꿈틀거리는 것이 탈이다.

사정이란 말말말

대한민국은 살 만한 나라인가? IMF를 졸업하고, 소득도 높아졌으니 살 만해야 마땅하다. 그럼에도 요즘 대한민국의 뉴스는 요란하다. 원조교제, 영란법, 당리당략, 정권 말기에 비선 실세가 저지른 '○○ 게이트' 등…. 어김없이 사회정화와 인간성 회복을 외치는 소리가 난무하고, 사법부는 난국을 타개하는 해법으로 사정의 칼날을 빼든다.

사정은 유령이나 망령든 망나니가 아니다. 사정이란 말말말의 공통점은 '모두를 포용하고 존속시킨다는 보존保存'이란 참뜻을 지니고 있다. 사정邪正은 그릇됨과 올바름이다. 사정事情은 일의 곡절이나, 딱한 처지를 하소연하여 용서나 도움을 비는 일이고, 사정射精은 성교에서 정액을 반사적으로 사출射出하는 일이다. 사정司正이나 사정査正은 조사하여 그릇된 것을 바로 잡음을 뜻한다.

사정邪正은 생각은 잘못이 없고 행동은 옳아야 한다는 명제를 충족시킨다. 인간은 사회적 동물이면서 불완전한 동물이기 때문에 항상 올바른 결정만 하는 것은 아니다. 때로 지혜로운 자도 이성적인 사고와 합리적인 행동에서 벗어나는 경우가 있다. 실수를 했을 때 우리는 사정事情을 하게 된다. 이는 딱한 처지를 헤아려 더불어 살자는 개인의 보존이요, 너와 나의 보존인 것이다.

사정射精은 수컷과 암컷이 행하는 성스러운 행위다. 이는 종족 보존을 위한 최선의 생식방법이다. 생식방법에는 무성생식과 유성생식이 있다. 무성생식은 미생물이나 일부 식물에서 일어나고, 대부분 생물에서 행해지는 유성생식은 자가 수정과 타가 수정으로 나눈다. 자가 수정은 쉽고 수월한 방법이지만, 그 후손은 열성 형질이 발현될 우려가 있어서 급변하는 외부환경에 적응하기 어렵다. 타가 수정은 좋은 짝을 찾는 선택은 어렵지만, 어버이의 우성 형질이 자손에게 발현되므로 환경 적응력이 뛰어난 생식방법이다. 이래서 서로 다른 계통의 수컷과 암컷의 만나 사랑하는 타가 수정은 환경변화에 잘 적응할 수 있는 자손을 낳는 최선의 방법이고 이것이 바로 가문家門이나 종족種族의 보존일 것이다.

사정査正은 주로 정치마당에서 많이 회자膾炙된다. 공인이 개인적인 사리사욕에 빠져 저지른 불의나, 힘 있는 자들의 직권남용이나 전횡을 바로 잡는 측면이 많았다. 그러나 최근 경제상황이 좋지 않게 되자 구조개혁이란 명분하에 사회 전반에 사정의 소용돌이가 휘몰아쳤다. 평생직장이란 말은 더 이상 통용되지 않는다. 회사의 최고 경영자도 경쟁에서 뒤지면, 그 책임을 물어 퇴출당하는 것이 통례가 되었다. 이래서 국가의 번영을 도모하고 도의가 통하는 법치국가 건설을 위해 사정이 필요하다. 우리 한민족의 긍지와 자부심을 되찾고 세계에서 으뜸이 되는 한국의 번영과 보존을 위해 구조 개혁인 사정이 필요한 것이다.

이처럼 사정이란 큰 뜻은 보존에 있음에도 정도에 어긋난 사정에는 위험이 따른다. 사정事情이 습관화되고 도가 넘치면 자기

보존이라기보다는 사회를 혼탁하게 하는 구차함이나 뇌물성 구걸로 전락하기도 한다. 또 쾌락을 위해서 상대를 가리지 않는 무분별한 사정射精은 자칫 불륜으로 포장되어 가정의 파멸을 부르기도 한다. 사정査正 역시 옥석을 가려 바로잡아야 한다. 사정당국에서 판별하는 기준과 평가가 모호하고 한쪽으로 치우쳤다면 그 사정은 불신과 의혹만 증폭시킬 뿐이다. 따라서 사정은 너무 과하거나 구차하지 않고, 보편타당하고 투명하며 정의로워야 된다.

세계는 하나의 지구촌이 되었다지만 국가 간의 경계는 뚜렷하다. 경제 주권에도 G7국가, 개발도상국이나 IMF 국가도 있다. 네 것, 내 것이 따로 없다지만 국적이나 호적도 있고, 정의도 있다. 분명한 선線으로 갈라진 거북이 등같이 구획은 분명하지만 지구촌 공동체 묘리妙理에도 분명히 옳고 그름이 존재한다. 그렇다. 지구촌에서 공동체로 영원히 살아가기 위해서는 보존과 번영이란 명제가 충족되어야 한다. 이를 위해서 나부터 생각에는 그릇됨 없어야 하고, 행동은 올바르게 해야 할 것이다.

소통疏通의 의미

산업혁명 이후 100년간 인간이 가장 많이 사용한 단어는 '스트레스'라고 한다. 산업의 현장은 수공업에서 기계화로 전환되었다. 수입은 증대하였으나 노동 강도는 더 커졌다. 기계화는 인간에게 휴식이나 여가를 충분히 주지 않고, 24시간 기계적 속도에 맞추어 살아가게 했다. 일과 쉼의 조화가 깨진 것이다. 바로 거기서 스트레스가 발생한다. 정보화 사회에도 스트레스는 여전하다. 스트레스가 커지면서 우울 모드로 바뀌는 경우도 매우 많다. 요즈음은 주부뿐만 아니라 아저씨와 아이들까지 우울증을 앓는다.

이렇듯 산업화와 첨단기술의 혜택을 입고 풍요를 누리는 현대인들이지만, 나날이 자살률은 늘고 있다. 그 이유는 무엇일까. 부족한 것 없는 삶을 누리고 있지만, 소통의 기술이 부족하기 때문이다.

소통의 사전적 의미는 막히지 않고 잘 통하는 것이고 다른 하나는 뜻이 서로 통하여 오해가 없음을 뜻한다. 급속한 발전은 편의와 편리를 제공하였고, 발전 속도만큼 더 빠르게 소통할 수 있는 바탕을 마련했다. 최근 가깝든 멀든 소통의 속도는 아주 빨라졌다. 두 발로 이동하다가 말을 탔고, 다시 자전거나 자동차를 타다가 비행기를 타고 대륙을 오간다. 아니, 우주선으로 달나라나 화성, 대기권 밖에까지 갈 수 있다.

한편 개인과 개인의 소통도 획기적으로 변하게 되었다. 예전에는 서로 밀착해서 속삭였고 멀리 떨어져 있으면 소리쳐 불렀다. 전화나 핸드폰이 생겨나면서 아주 먼 거리에서도 속삭일 수 있게 되었다. 최근에는 컴퓨터와 인터넷의 발달로 말이나 글로 실시간 소통을 하게 되었다. 인공위성을 띄워 아날로그에서 디지털 방식으로 바뀌었다. 이렇듯 소통이 음속 이상으로 빨라지고 다양성을 가지게 되었다. 원하는 곳이나 바라는 사람이 있으면 쉽게 갈 수 있을 뿐만 아니라 실시간 의사소통을 할 수도 있다.

정말 놀랍고 신기할 정도다. 고무신을 양손에 들고 맨발로 뛰던 때가 엊그제 같은데. 참 많이 변했다. 소통의 방식이 다양해지면서 삶의 질이 풍요로워졌다고 생각할 수 있지만 이들이 주는 편의와 편리성은 당연시하고 가벼운 것으로 여기게 되었다. 따라서 너무 쉽고 빠른 소통의 수단들은 진정한 소통을 가벼움으로 대체시키고 말았다.

아이폰(iPhone)처럼 막힘없이 통하는 시대가 되었다.

"세상이 생각의 속도로 변하고 있다."는 빌 게이츠의 말처럼 지구촌의 변화를 컴퓨터 모니터로 실시간 확인하고 있다. 세상의 빠른 변화에 적응한 인간은 빙산의 일각처럼 표면에 드러난 일이나 이야기에 쉽게 귀 기울이지만 그 이면에 감춰진 진정성은 외면한 지 오래다. 사람들은 사랑방 이야기를 나눈 지 오래되었다. 농경시대에는 사랑방 문화를 꽃피웠고, 아이들은 공터에 모여 공을 차거나 이야기꽃을 피웠다. 요즈음 청소년들은 놀이터에 가지 않는다. 각자 자기 방에서 컴퓨터를 하거나 학원에서 시간을 보낸다. 이렇듯 컴퓨터라는 괴물과 '명문대 신드롬'이 낮 동안 또래집단과 재잘대며 노는 놀이문화를 앗아갔다. 또 주야가 바뀐 아이들이 많아졌다. 낮에는 학교나 학원에서 시간을 보내고 밤에는 인터넷에 빠져 밤을 새우는 학생이 많아진 것이다. 밤새 말없이 나 홀로 모니터만 바라보며 '묵언의 정진'을 한다. 모니터에 온통 눈이 팔려 야행성 인간이 되었다. 컴퓨터의 노예로 전락했다 해도 과언이 아니었다.

너와 나 그리고 우리가 함께하는 마음의 소통이 부족하다. 통섭을 못하는 소통장애요 공감의 상실이다. 기계 덕분에 소통은 신속하게 이루어졌지만 눈빛을 나누고 속마음을 전하는 진정한 소통이나 공감이 부족하다. 마치 앙꼬 없는 빵처럼 스킨십이 빠진 것이다.

탈것으로 빨리 이동하는 소통이나, 인터넷을 통한 기계적인 소통보다 만나서 눈을 마주보고 의사를 전달하는 내면의 소통이 필요하다. 소통의 기술을 익혀야 한다. 나를 찾는 자존의 소통과 상대의 눈빛을 읽는 마음의 소통이 필요한 때다. 자연과 유리되지 않는 삶 속에서 서로서로 스킨십 문화를 꽃피워야겠다. 현대인은 빨리빨리만 외치지 말고 느림의 철학을 터득하여 스트레스를 한방에 날리는 사랑방 문화가 필요하다. 다소 말이 안 되는 갑론을박의 이야기일지라도 같은 공간에서 오감으로 느끼는 대화가 필요하다.

이제 심금을 울리는 감동의 메시지는 전하지 못할지라도 서로 부대껴 땀 냄새 맡는 날이 많게 살아야겠다. 나를 비워 인간 냄새나는 소통 이룰 수 있게.

수성하자

정림사 고승이 새벽 예불을 드린다. 목탁 소리가 뒤따른다. 매일 향로에 향불을 피우고 기도를 드린다. 백제 성왕 16년, 도읍을 사비(현 부여)로 옮긴 이후부터 백제가 망한 의자왕까지 정림사는 국론을 하나로 묶는 불력의 장소였다. 성왕을 기리는 왕실사찰 능사에서도 향을 피운다. 성왕의 명복과 국태민안을 비는 염불을 한다. 그 속에는 조상들이 이룬 대업을 그대로 이어 나가기를 바라는 염원이 깃들어 있다.

대학 때 사이클로 찾아 간 부여에는 황량한 벌판 위에 왕릉과

정림사 5층 석탑, 의자왕과 삼천궁녀의 전설을 간직한 금강의 낙화암 등이 있었다. 최근 의자왕과 삼천궁녀는 일제 강점기 때 나온 소설 〈김유신〉에 기록된 허구이고, 일제 강점기 식민지 사학자들이 백제를 비하하기 위해 꾸며낸 이야기라고 알려졌다.

2012년 1월 말 다시 부여를 찾았다. 당나라 소정방이 만들었다는 잘못된 진실을 간직한 채 1400년을 버텨온 정림사 5층 석탑은 여전히 굳건하게 그 자리를 지키고 있었다. 다만 주변에 새롭게 복원된 정림사 주춧돌들이 사찰의 규모를 짐작게 했다. 석탑 앞쪽에 연못 두 개를 파 놓았다. 석불좌상은 세월 탓인지 몇 곳이 훼손되었고, 입체감은 덜하나 단아한 백제의 미소를 머금고 있었다.

〈서동요〉의 전설이 깃든 궁남지는 눈요기만 하고 국립부여박물관을 관람했다. 관람 중 눈에 띄는 것은 진품 백제금동대향로였다.

백제금동대향로! "어떤 우여곡절로 미륵사 중원이던 법왕전을 떠나 사비의 흙구덩이 속에서 천년이 넘도록 긴긴 하안거, 동안거에 임했는지." 1993년 나성과 고분군 사이의 능사터 흙구덩이에서 발굴되었다. 국보 287호다. 일본에도 중국에도 없는

향로다. L 원장은 "중국의 상징인 용이 밑에 있고 우리 상징인 봉황이 위엄 있게 위에 놓인 것은 중국과 사뭇 다르다."라고 말했다. 수중세계의 용과 진흙탕에서 꽃대궁 올린 연꽃들의 이상세계와 하늘을 상징하는 봉황을 새겨 우주의 삼라만상을 향로에 담아 놓았다. J 형의 말 그대로 '금동대향로는 그 진실을 아주 확실한 언어인 회화문자로 새겨 놓은 기록물'이었다. 정말 찬연한 백제의 문화를 대변하는 귀중한 향로다.

일본인들이 '구다라나이(くだらない, 백제가 없다.)'라고 쓰면서 백제의 유물은 보잘것없고 타락의 표본으로 삼천궁녀를 운운하였는데 백제금동대향로의 출토는 큰 사건이 되었다. 특히 백제의 영화는 있으나 그 잔존하는 유물은 없던 상황이어서 더욱 그랬다. 언제나 역사는 승자의 것이다. 백제의 패망과 더불어 백제의 찬연한 유물과 유적은 불로 소실되거나 전리품으로 약탈되었을 것이다. 그러나 백제의 찬연한 역사는 미륵사지의 미륵사 사리봉안기(2009년)가 출토된 미륵사 탑과 부여 정림사 5층 석탑 그리고 능사터 땅속에서 찾아낸 백제금동대향로(1993년)를 보면 될 일이다. 나당 연합군이 백제를 정벌하였으나 돌탑과 숨겨 놓은 금동대향로 등은 파괴하거나 약탈하지 못

했다. 그러나 이처럼 몇 안 되는 유적으로 백제를 서사敍事할 수 있겠는가?

정림사 5층 석탑 탑신부에 '대당평제국비명大唐平濟國碑銘'이라고 새겨져 있어서 마치 소정방이 이 탑을 세운 것 같은 왜곡된 역사를 우리는 한때 진실로 받아들였다. 오호嗚呼 애재哀哉라! 패자는 말이 없다. 파괴해도 저항하지 못하고, 약탈당해도 입 닫아야 하고, 보고도 못 본 척해야 한다. 가슴으로 한을 새겨야 된다. 우리 역사를 찾는데 중국이나 일본의 사료를 뒤져야 한다. 참으로 안타까운 현실이다.

백제가 사비성, 웅진성 및 위례성을 잘 수성守城하였다면 천년이 지난 현재까지 찬연한 그 역사를 부여 땅, 구석구석에서 찾아볼 수 있었을 것이다. 그렇지 못한 현실이 안타까울 뿐이다. 이렇듯 이룬 것은 잘 지켜야 한다. 지금은 글로벌시대다. 자신이 이룬 업적이나 조상들이 이루어 놓은 일들을 그대로 잘 이어 나가는 수성守成이 중요하다. 한국은 독도를 지키는 수성守城을 해야 하고, 국민은 세계 경제 11위의 국력을 수성해야 되겠다. 이제 우리는 금동대향로에 회화로 새긴 용머리에 사뿐히 앉아 있는 봉황의 기개를 가져야겠다. 이 대향로가 다시 흙구덩이에 처박히지 않게 해야겠다.

대한민국은 우리 영토를 영원히 수성守城하자.

자신과 가문의 영광을 수성守成하자.

국민 모두 한강의 기적을 수성守成하자.

네카 강 수변그릴 공원

8월의 어느 맑은 날, 네카 강의 수변공원을 찾았다. 공원은 시의 관리를 받는 듯 말끔하게 단장되어 있었다. 은빛으로 반짝이는 강물을 둘러싼 주변 풍광은 수려하고 평온해 보였다. 해가 뉘엿거리자 그릴을 하러 오는 사람들이 하나둘 늘어났다.

딸의 안내로 아내와 함께 강가 잔디밭에 자리를 잡았다. 하이델베르크에서 유학하는 딸의 졸업식에 왔다가 그 친구들을 초대하여 함께 저녁을 먹기로 한 자리였다. 가져간 숯으로 불을 피우고 그릴 준비를 했다. 잔디밭에 배설물이 있어 주저하고 있는데 다른 사람들은 아무렇지 않은 듯 여기저기에 돗자리를 폈다.

가로등이 하나둘 불을 밝히기 시작했다. 너른 잔디밭은 어느새 사람들로 꽉 차버렸다. 사방에서 고기 굽는 연기가 뽀얗게 피어올랐다. 네카 강의 잔물결같이 조용하면서도 긴 여운을 남기는 이야기들을 풀어 헤치며 그릴을 하고 있었다. 향긋한 고기향이 식욕을 자극했다.

담소를 나누며 주변을 돌아보았다. 물담배를 돌려가며 피우는 젊은이들, 작은 음악 소리에 몸을 맡겨 가볍게 흔드는 사람들, 술과 함께 여흥을 즐기는 무리들이 흥겹게 어우러져 있었다. 문득 부러운 생각이 들었다. 왜 우리나라에는 이런 그릴을 할 수 있는 수변공원이 하나도 없을까?

고기가 석쇠에서 자취를 감출 무렵 숯불은 사그라져 갔다. 풀었던 이야기 보따리를 서서히 여밀 때쯤, 네카 강 물길을 거슬러 헤엄치는 한 무리의 오리 떼 소리가 들려왔다. 강가에 가 보았더니 오리 떼가 먹이사냥을 하면서 강을 거슬러 올라가고 있었다.

뒷마무리를 위해 타다 남은 숯에 물을 뿌려 불씨를 없애고 공원에 따로 마련된 숯 수거함에 넣었다. 남은 음식물 역시 마련된 음식물 통에 넣었다. 비닐이나 종이 쓰레기만 우리가 가져간

회수용 박스에 넣었다. 이때 위쪽 잔디밭에서 싸~악 싸~악 하는 소리가 들려왔다. 좀 전에 물을 거슬러 올라간 오리 떼가 분명했다. 오리 무리가 양잔디와 함께 그 사이에 떨어뜨린 음식 부스러기를 먹어 치우니 자연스럽게 청소가 되고 있었다. 위쪽부터 사람들이 자리를 비우는 순간 오리들은 돗자리를 펴놓았던 주변까지 말끔히 청소를 하면서 다가왔다.

수변공원의 예초작업은 하이델베르크 시가 아니라 오리 떼가 대행한다고 할 판이었다. 오리가 풀을 먹어 치우며 우리 곁으로 다가올 때쯤 자리를 털고 일어났다. 다른 일행들도 하나둘씩 쓰레기 봉지를 들고 자리를 떠났다. 네카 강의 잔디밭은 이제 오리들 세상이 되었다. 잔디밭 하나를 놓고 인간과 오리가 멋지게 공존하고 있었다. 수변공원을 놓고 석양에는 인간이, 밤과 낮에는 오리가 서로 나누어 사용하는 아름다운 공생을 목격했다. 바로 신토불이요, 공존과 공감의 영역이라 할 만했다. 이것이 인간과 자연의 조화문화가 아닌가 싶었다.

우리나라도 고령화 사회다. 노인을 위한 복지시설뿐만 아니라 남녀노소가 함께 어울리는 공존의 공간이 있어야 한다. 내가 사는 시에 수변 그릴공원은 없다. 대한민국 땅 어디에도 캠핑장을 제외하면 그릴을 할 수 있는 곳은 단 한 군데도 없다. 공원은 모두 탐방로 위주이고 방치 수준의 벤치가 고작이다. 이제 행정 당국은 도시공원에 하나쯤은 그릴을 할 수 있는 공간을 만들어 시민들에게 돌려주어야 한다고 생각한다.

영산강변이나 황룡강변의 친수공원에는 체육시설이나 자전거길, 산책길만 있을 뿐, 그릴을 할 수 있는 장소는 없다. 강변과 맞닿은 너른 공간에 양잔디 초원을 만들어 수변그릴 공원을 만들어주면 좋겠다. 주차장을 별도로 만들어 주면 좋겠지만, 여의치 않으면 석양에 한해 강변도로에 개구리주차를 허용하는 것도 좋을 것이다.

고령화 사회가 급속도로 진행되고 있는 이 시점에 아파트 단지 건물 한편에 경로당을 만들어 주는 것만이 사회복지의 해법은 아니라고 본다. 그릴을 할 수 있는 잔디밭을 조성해서 저녁나절 가족이나 친구들과 함께 가볍게 산책도 하고, 맑은 공기도 마시고 사랑이 담긴 맛있는 음식도 즐길 수 있다면, 삶의 질은 지금보다 훨씬 더 향상될 것이라고 믿는다. 우리 모두 머리를 맞대고 지혜를 모아야 할 때가 아닐까.

관계 당국과 공원계획 전문가들이 수변그릴 공원에 대한 밑그림을 그려 실행에 옮기는 날이 오기를 갈망해 본다.

행복한 책 읽기

책을 읽는다. 글을 통해 간접 경험을 하고 새로운 세상을 만난다. 뿌듯하다. 마음 부자가 된 느낌이다. 내면에 즐거움이 깃든다. 학술정보원에서 [행복한 책읽기] 프로그램을 진행한다. 올해로 5년째이고 8회 차다. 6명씩 8개 조를 운영한다. 다양한 전공의 학생들이 모여 독서하고 감상문을 쓰고 토론한다.

지금까지 참여한 학생들은 시작은 미미微微하였으나 끝은 매우 좋았다고 말한다. 마지막 날 발표할 때는 날선 표현을 하여 마음에 새김직한 말들을 토해낸다. 바로 행복한 책 읽기를 한 것이다. 남의 글을 읽는 일은 힘이 들어도, 독후감으로 되새김질을 하여 내 마음의 풍금을 치는 날들은 즐겁고 행복한 것이다.

좋은 글은 독자의 심금을 울려 감동시킨다. 책을 읽는 즐거움은 무한하다. 단적인 예가 있다. 법정스님의 ≪무소유≫를 읽고 자신의 전 재산을 보시한 분이 있다. 이름은 김영한, 아명은 자야子夜다. 1,000억 원을 시주하였다. 1997년 음식점인 대원각이 길상사가 되던 날, 자야는 달랑 염주 하나와 '길상화吉祥華'라는 법명만 받았다. 그 순간 길상화의 얼굴에는 미소가 번졌다. 독서의 즐거움이란 이런 것이다. 전부를 주고도 마음 편한 것이다.

자야는 한때 노천명 시에 나오는 "모가지가 길어서 슬픈 짐승"의 주인공 백석 시인을 통째로 좋아했다. 들어보자. 얼마나 절절하게 백석을 사랑했는지. 어느 기자의 질문에 길상화는 이렇게 답했다.

"1,000억 원이 그 사람 시 한 줄만 못해."

"다시 태어나면 나도 시인이 될 거야."

글의 반향反響이 얼마나 큰가, 되묻지 않을 수 없다. ≪무소유≫가 1000냥이 아니라 1,000억 원이 되었다. 통 큰 배팅이다.

"마음 비우면 모든 것 가득하니"와 같이 무소유는 비워야 채우는 비움의 역설이다. 이것이 글의 위력이다. 행복한 책 읽기가 주는 감동은 값을 매길 수 없다. 무한하다.

법정스님은 말씀하셨다.

"책에 읽히지 말고 책을 제대로 읽어야 자기 자신을 읽어 낼 줄 알고 더불어 열린 세상도 읽을 수 있다."

열심히 공부하는 학생들아!

책을 통해 모두 마음 부자가 되길 바란다.

청명한 가을날 행복한 책 읽기를 해볼 일이다.

그리고 마음 비우고 불멸의 한 줄을 적어보자.

임동옥 수필집

꿈꾸는 굴렁쇠

인쇄 2017년 05월 08일
발행 2017년 05월 13일

지은이 임동옥
발행인 서정환
펴낸곳 수필과비평사
주소 서울시 종로구 삼일대로 32길 36(익선동 30-6 운현신화타워 빌딩) 305호
전화 (02) 3675-3885, (063) 275-4000 · 0484
팩스 (063) 274-3131
이메일 sina321@hanmail.net essay321@hanmail.net
출판등록 제300-2013-133호
인쇄 · 제본 신아출판사

ISBN 979-11-5933-084-1 03810
값 12,000원

이 도서의 국립중앙도서관 출판예정도서목록(CIP)은 서지정보유통지원시스템 홈페이지(http://seoji.nl.go.kr)와 국가자료공동목록시스템(http://www.nl.go.kr/kolisnet)에서 이용하실 수 있습니다.(CIP제어번호: CIP2017010863)

Printed in KOREA